¿Por qué ser feliz cuando puedes ser normal?

Jeanette Winterson creció en un entorno en el que escaseaban los libros y abundaba el fervor religioso, y a los dieciséis años se fue a estudiar a Oxford, donde vivió su primera aventura amorosa con otra mujer. A los veinticuatro escribió *Las naranjas no son la única fruta* (Lumen, 2025, publicada como *Fruta prohibida* en 2017), que ganó el Whitbread Award a la mejor primera novela y fue llevada al cine, y a la que siguieron *La pasión* (2007); *Espejismos* (2006); *Escrito en el cuerpo* (2017); *Art & Lies*; *Art Objects*; el libro de relatos *El mundo y otros lugares* (2015); *Powerbook; La niña del faro* (2005); su libro de memorias *¿Por qué ser feliz cuando puedes ser normal?* (2012, 2025); *La mujer de púrpura* (2013); *Días de Navidad* (2018), libro del año según *The Sunday Telegraph* y uno de los mejores libros del año según *The New York Times*; *Frankissstein* (2019), candidata al Premio Booker; *12 bytes. Cómo vivir y amar en el futuro* (2022), y *Días de fantasmas* (2023). Su última publicación es *Un Aladino y dos lámparas* (2026). En 2019 fue escogida como escritora del año por la revista *Harper's Bazaar*.

JEANETTE WINTERSON

¿Por qué ser feliz cuando puedes ser normal?

Traducción de
Álvaro Abella Villar

DEBOLS!LLO

Papel certificado por el Forest Stewardship Council®

 Penguin
Random House
Grupo Editorial

Título original: *Why Be Happy when You Could Be Normal?*

Primera edición en Debolsillo: febrero de 2026

© 2011, Jeanette Winterson
© 2012, 2026, Penguin Random House Grupo Editorial, S. A. U.
Travessera de Gràcia, 47-49. 08021 Barcelona
© 2012, Álvaro Abella Villar, por la traducción
Diseño de la cubierta: Penguin Random House Grupo Editorial
Imagen de la cubierta: © cedida por la autora

Printed in Spain – Impreso en España

ISBN: 978-84-663-8027-0
Depósito legal: B-21.435-2025

Compuesto en M.I. Maquetación, S.L.
Impreso en Black Print CPI Ibérica
Sant Andreu de la Barca (Barcelona)

P 3 8 0 2 7 0

A mis tres madres:
Constance Winterson
Ruth Rendell
Ann S.

1

La cuna equivocada

Cuando mi madre se enfadaba conmigo, algo que sucedía con frecuencia, decía: «El Demonio nos llevó a la cuna equivocada».

La imagen de Satanás aparcando por un rato la Guerra Fría y el macartismo para visitar Manchester en 1960 —propósito de la visita: engañar a la señora Winterson— es de una comicidad extravagante. Mi madre era una depresiva extravagante; una mujer que guardaba un revólver en el cajón de los trapos, y las balas en una lata de abrillantador. Una mujer que permanecía toda la noche en vela preparando tartas para no tener que dormir en la misma cama que mi padre. Una mujer con prolapso, problemas de tiroides, insuficiencias cardiacas, una pierna ulcerada que nunca sanaba y dos juegos de dentaduras postizas: una mate para ponerse a diario y otra perlada para las «ocasiones».

Desconozco por qué no quiso/no pudo tener hijos. Solo sé que me adoptó porque quería una amiga (no tenía ninguna), y porque fui para ella como una bengala lanzada al mundo —un modo de decir que ella estaba ahí—, una especie de X en el mapa.

Mi madre odiaba ser una don nadie, así que como todos los

niños, adoptados o no, he tenido que vivir algunas de las vidas que ella no pudo vivir. Es algo que hacemos por nuestros padres, no tenemos otra opción.

Mi madre todavía vivía cuando, en 1985, se publicó mi primera novela, *Las naranjas no son la única fruta*. Es un relato semiautobiográfico que cuenta la historia de una jovencita adoptada por unos padres pertenecientes a la Iglesia pentecostal. Se supone que tiene que crecer y convertirse en misionera. Sin embargo, la chica termina enamorándose de una mujer. Desastre. Se va de casa, consigue ir a la Universidad de Oxford y regresa al hogar para descubrir que su madre ha montado una emisora de radio para llevar el Evangelio a los infieles. La madre tiene un apodo: se llama «Luz Bondadosa».

La novela empieza así: «Como la mayoría de las personas, viví mucho tiempo con mi madre y mi padre. A mi padre le gustaba ver los combates de lucha libre y a mi madre discutir de lo que fuera».

Durante gran parte de mi vida he sido una luchadora a puño descubierto. Quien golpea más fuerte, gana. De niña me pegaban, así que pronto aprendí a no llorar. Si me dejaban fuera de casa toda la noche, me sentaba en el peldaño de la puerta hasta que pasaba el lechero, me bebía las dos botellas, las dejaba vacías para enfurecer a mi madre e iba caminando al colegio.

Siempre caminábamos. No teníamos coche ni dinero para el autobús. Para mí, la media era cinco millas al día: dos entre ir y volver de la escuela, y tres entre ir y volver de la iglesia.

Íbamos todas las tardes a la iglesia, excepto los jueves.

En *Las naranjas...* escribí sobre algunas de estas cosas y, cuando se publicó, mi madre me envió una airada nota escrita con su inmaculada letra de caligrafía, exigiéndome que la llamara.

Llevábamos años sin vernos. Yo ya había dejado Oxford, a duras penas me abría camino en la vida y había escrito *Las naranjas no son la única fruta* siendo muy joven: tenía veinticinco cuando se publicó.

Me dirigí a una cabina: yo no tenía teléfono. Mi madre se dirigió a una cabina: ella no tenía teléfono.

Marqué el prefijo y el número de Accrington como me indicó, y allí estaba ella —¿quién necesita Skype?—. Podía verla a través de la voz, su forma se solidificaba ante mí mientras hablaba.

Era una mujer grande, tirando a alta y de unas doscientas ocheta libras de peso. Medias de compresión, sandalias planas, un vestido de poliéster y un pañuelo de nailon a la cabeza. Se habría empolvado la cara (hay que conservarse guapa), pero sin pintarse los labios (dar una imagen atareada e informal).

Llenaba la cabina. No encajaba, era más grande que la vida misma. Era como un cuento de hadas en el que el tamaño es aproximado y variable. Surgía. Se expandía. Solo más tarde, mucho más tarde, demasiado tarde, comprendí lo pequeña que en realidad se sentía. El bebé que nadie quería coger. La niña a la que nadie acunaba todavía en su interior.

Pero aquel día estaba aupada en los hombros de su propio agravio. «Es la primera vez que he tenido que dar un nombre falso para pedir un libro», me dijo.

Intenté explicarle qué había querido hacer. Soy una escritora ambiciosa: no veo el sentido de ser una don nadie, y ni siquiera eso, si no te lo propones. 1985 no era el momento de escribir mis memorias, y, en cualquier caso, no estaba escribiéndolas. Intentaba alejarme de la idea comúnmente aceptada de que las mujeres siempre escriben sobre «experiencia» —la brújula de lo que conocen—, mientras que la escritura de los hombres es más amplia y audaz —un gran lienzo, el experimento con la forma—. Henry James nos hizo un flaco favor cuando dijo que Jane Austen escribía sobre cuatro pulgadas de marfil, en otras palabras, minucias sin importancia. Algo parecido se decía de Emily Dickinson y de Virginia Woolf. Esas cosas me enfurecían. En cualquier caso, ¿por qué no podía haber experiencia y experimentación? ¿Por qué no combinar lo observado con lo imaginado? ¿Por qué una mujer tenía que verse limitada por algo o alguien? ¿Por qué una mujer no podía mostrar ambición por la literatura?, ¿ambición por sí misma?

Pero a la señora Winterson le daba igual todo eso. Tenía muy claro que los escritores eran bohemios obsesionados con el sexo que rompían las reglas y no salían a trabajar. Los libros estaban prohibidos en nuestra casa —más adelante explicaré el motivo—, por eso, para mí, haber escrito uno, publicarlo y ganar un premio… y estar en una cabina dándole una clase sobre literatura y una disertación sobre feminismo…

Pitido… —*otra moneda en la ranura*— y pienso, mientras su voz va y viene como el mar: «¿Por qué no estás orgullosa de mí?».

Pitido… —*otra moneda en la ranura*— y otra vez me echan y me encuentro sentada en el peldaño de la puerta de casa. Hace mucho frío, tengo un periódico debajo del culo y me acurruco en mi trenca.

Se acerca una mujer y la conozco. Me da una bolsa de patatas fritas. Ya sabe cómo se las gasta mi madre.

En casa, la luz está encendida. Papá tiene turno de noche, así que mi madre puede irse a la cama, pero no dormirá. Se pasará toda la noche leyendo la Biblia, y cuando papá regrese, me dejará entrar y no dirá nada, y ella no dirá nada, y todos fingiremos que es normal dejar a tu hija fuera toda la noche, que es normal no dormir nunca junto a tu marido. Y que es normal tener dos juegos de dentaduras postizas y un revólver en el cajón de los trapos...

Seguimos al teléfono en nuestras cabinas. Me cuenta que mi éxito es obra del Diablo, el responsable de la cuna equivocada. Me enfrenta con el hecho de que he usado mi propio nombre en la novela; si es una historia de ficción, ¿por qué el personaje principal se llama Jeanette?

¿Por qué?

No recuerdo ninguna época en la que no me dedicara a ver mi historia como contrapunto a la suya. Fue mi modo de sobrevivir desde el principio. Los niños adoptados nos autoinventamos porque no tenemos otra salida; hay una ausencia, un vacío, un signo de interrogación justo al principio de nuestras vidas. Una parte crucial se ha ido, y de forma violenta, como una bomba en el útero materno.

El bebé explota a un mundo desconocido que solo puede asimilar a través de algo parecido a un relato —por supuesto, todos vivimos así, es la narrativa de nuestras vidas—, pero la adopción te hace caer en la historia después de que haya empezado. Es como leer un libro al que le faltan las primeras páginas. Es como llegar cuando ya se ha abierto el telón. La sensación de que falta algo no te abandona nunca, jamás; y ni puede ni debe hacerlo, porque falta algo.

Eso no tiene por qué ser negativo. La parte perdida, el pasado perdido, puede ser una apertura, no un vacío. Puede ser una entrada tanto como una salida. Es el registro fósil, la impronta de otra vida, y aunque jamás podrás tener esa vida, tus dedos surcan el espacio que aquella debería haber ocupado, y tus dedos aprenden una especie de Braille.

Hay unas marcas aquí, abultadas como cicatrices. Léelas. Lee el dolor. Reescríbelas. Reescribe el dolor.

Por eso soy escritora; no digo «decidí» ser ni «me convertí en». No fue un acto voluntario ni siquiera una elección consciente. Para evitar la estrecha red de la historia de la señora Winterson, tenía que ser capaz de contar la mía propia. Parte realidad, parte ficción, eso es la vida. Y siempre es una historia de presentación. Yo escribí mi salida.

«Pero, no es verdad…», me dijo.

¿Verdad? Esta era una mujer que explicaba las carreras de los ratones en la cocina como ectoplasma.

En Accrington, Lancashire, había una casa adosada —a ese tipo de casas las llamábamos dos arriba, dos abajo: dos habitaciones en la planta baja, dos habitaciones arriba. Durante dieciséis años, vivimos tres en aquella casa. He contado mi versión: fiel e inventada, precisa y mal recordada, barajada por el tiempo. Me puse como la protagonista de cualquier historia de náufragos. Hubo un naufragio y me habían lanzado a las costas de la humanidad, y descubrí que estas no eran demasiado humanas ni muy acogedoras.

Supongo que lo más triste para mí, pensando en la versión de presentación que es *Las naranjas no son la única fruta*, es que escribí una historia con la cual podía convivir. La otra era demasiado dolorosa. No podía sobrevivir a ella.

Con frecuencia me preguntan, como si se tratara de un cuestionario, qué hay de «verdadero» y de «falso» en *Las naranjas no son la única fruta*. ¿Trabajé en una funeraria? ¿Conduje una furgoneta de helados? ¿Teníamos una carpa evangélica? ¿La señora Winterson formó su propia emisora de radio local? ¿Es cierto que disparaba a los gatos con un tirachinas?

No puedo responder a esas preguntas. Puedo decir que hay un personaje en *Las naranjas no son la única fruta* llamado Elsie la Atestiguadora que cuida a la pequeña Jeanette y actúa de colchón ante la fuerza dañina/arrolladora de Madre.

La metí en la novela porque no podía soportar dejarla fuera. La metí en la novela porque realmente deseaba que hubiera sido así. Cuando eres un niño solitario siempre encuentras un amigo imaginario.

No hubo ninguna Elsie. No hubo nadie como Elsie. Las cosas eran mucho más desoladoras que todo eso.

Me pasé la mayor parte de mis años de colegio sentada en la barandilla de la verja durante los recreos. No era una niña con éxito ni que cayera bien; demasiado gruñona, demasiado furiosa, demasiado intensa, demasiado rara. El frecuentar la iglesia no me ayudaba a hacer muchos amigos, y en la escuela siempre se descubre al que no encaja. Llevar bordado en mi mochila de gimnasia SE ACABÓ EL VERANO PERO NOSOTROS AÚN NO HEMOS SIDO SALVADOS me convertía en un blanco fácil.

Pero incluso cuando hice amigos me aseguré de que las cosas salieran mal...

Si caía bien a alguien, esperaba hasta que ella bajaba la guardia, y entonces le decía que no quería seguir siendo amiga suya. Observaba la confusión y el enfado. Las lágrimas. Luego salía corriendo, controlando la situación y triunfante, pero el triunfo y el control se diluían muy rápido, y entonces lloraba sin parar, porque había vuelto a dejarme fuera, en el peldaño, donde no quería estar.

La adopción es estar fuera. Pones en acción lo que se siente al ser la que no forma parte de algo. Y actúas intentando hacer a los otros lo que te han hecho a ti. Es imposible creer que alguien te quiera por lo que eres.

Nunca creí que mis padres me quisieran. Yo intenté quererlos pero no funcionó. Me costó mucho aprender a amar, tanto a dar como a recibir. He escrito sobre el amor de forma obsesiva, casi forense, y sé/sabía que es el valor supremo. Por supuesto, amaba a Dios, al principio, y Dios me amaba. Eso era algo. Y amaba los animales y la naturaleza. Y la poesía. El problema lo tenía con la gente. ¿Cómo se ama a otra persona? ¿Cómo confías en que otra persona te quiere?

No tenía ni idea.

Pensaba que el amor era una pérdida.

¿Por qué la pérdida es la medida del amor?

Es la primera línea de una de mis novelas, *Escrito en el cuerpo* (1992). Me dedicaba a acechar el amor, a atrapar el amor, a perder el amor, a echar de menos el amor…

La verdad para cualquiera es algo muy complejo. Para un escritor, lo que se deja fuera dice tanto como las cosas que se incluyen. ¿Qué hay más allá de los márgenes del texto? El fotógrafo encuadra la foto; los escritores encuadran su mundo.

La señora Winterson protestó por lo que había incluido en mi libro, pero me parecía que el verdadero motivo de su enfado era lo que había dejado fuera. Hay muchas cosas que no podemos decir porque son muy dolorosas. Confiamos en que las cosas que podemos decir suavicen el resto, o lo mitiguen en cierto sentido. Las historias son compensatorias. El mundo es injusto, inicuo, inescrutable, incontrolable.

Cuando contamos una historia ejercemos el control, pero de tal modo que dejamos un hueco, una apertura. Es una versión, pero nunca la definitiva. Y quizá confiamos en que alguien sea capaz de escuchar los silencios y la historia pueda continuar, ser contada una y otra vez.

Cuando escribimos ofrecemos el silencio tanto como la historia. Las palabras son esa parte de silencio que se puede expresar.

La señora Winterson habría preferido que me hubiera quedado en silencio.

¿Recordáis la historia de Filomela, que fue violada y luego el violador le arrancó la lengua para que nunca pudiera contarlo?

Creo en la ficción y en el poder de las historias porque así hablamos a través de lenguas que no son nuestras. No se nos silencia. Todos nosotros, cuando sufrimos un gran trauma, dudamos, tartamudeamos; hay grandes pausas en nuestro discurso. La cosa se atasca. Recuperamos el lenguaje a través del lenguaje de otros. Podemos recurrir al poema. Podemos abrir el libro. Alguien ha estado allí por nosotros y buceó en las palabras.

Necesitaba palabras porque las familias infelices son un pacto de silencio. Quien rompa el silencio jamás será perdonado. Él o ella tiene que aprender a perdonarse a sí mismo.

Dios es el perdón —o eso dice esa particular historia—, pero en nuestro hogar Dios era el Antiguo Testamento y no había perdón sin una gran cantidad de sacrificio. La señora Winterson era infeliz y nosotros teníamos que ser infelices con ella. Estaba esperando el Apocalipsis.

Su canción favorita era «Dios ha acabado con ellos», que se supone que son los pecados, pero en realidad hablaba de todos aquellos que alguna vez la molestaron, que era todo el mundo. Simplemente, a ella no le gustaba nadie y, simplemente, a ella no le gustaba la vida. La vida era un peso que había que llevar hasta la tumba para luego deshacerse de él. La vida era un Valle de Lágrimas. La vida era una experiencia premuerte.

Todos los días la señora Winterson rezaba: «Señor, déjame morir». Aquello era muy duro para mí y para mi padre.

Su propia madre había sido una refinada mujer que se casó con un fanfarrón seductor al que entregó todo su dinero para ver cómo se lo gastaba en mujeres. Durante un tiempo, desde que yo tenía alrededor de tres años, hasta alrededor de los cinco, tuvimos que vivir con mi abuelo para que la señora Winterson pudiera cuidar a su madre, que estaba muriéndose de cáncer de garganta.

Aunque la señora W era profundamente religiosa, creía en los espíritus, y la contrariaba mucho que la novia del abuelo, además de ser una camarera entrada en años con el cabello teñido de rubio, fuera una médium que organizaba sesiones en nuestro mismísimo salón.

Tras las sesiones mi madre se quejaba de que la casa estaba llena de hombres en uniforme de la época de la guerra. Cuando yo entraba en la cocina a coger los sándwiches de carne enlatada, me decía que no empezara a comer hasta que los muertos se hubieran ido. Eso podía llevar varias horas, lo cual resulta bastante complicado cuando tienes cuatro años.

Salí y recorrí la calle arriba y abajo pidiendo comida. La señora Winterson salió detrás de mí y aquella fue la primera vez que escuché la oscura historia del Demonio y la cuna…

En la cuna junto a la mía había un niñito de nombre Paul. Era mi hermano fantasma porque siempre invocaban a su santa alma cuando me portaba mal. Paul nunca habría tirado su muñeca nueva al estanque (nunca tratábamos la posibilidad surrealista de que a Paul le hubieran regalado una muñeca, para empezar…). Paul no habría llenado la funda de su pijama con tomates para realizar una sangrienta operación de estómago. Paul no habría escondido la máscara antigás del abuelo (por algún motivo, el abuelo todavía conservaba su máscara de la guerra y me encantaba). Paul no se habría presentado en un divertido cumpleaños, al que nadie lo había invitado, con la máscara antigás del abuelo puesta.

Si hubieran cogido a Paul en lugar de a mí, todo habría sido distinto, mejor. Se supone que yo tenía que ser una amiga… como ella lo había sido para su madre.

Y entonces su madre murió y se encerró en el dolor. Yo me encerré en la despensa porque había aprendido a usar el pequeño abridor de latas de carne.

Tengo un recuerdo, ¿verdadero o falso?

El recuerdo está rodeado de rosas, lo cual es extraño porque se trata de un recuerdo violento y desagradable, pero mi abuelo era un apasionado de la jardinería y le encantaban las rosas en particular. Me gustaba encontrarlo, con las mangas de la camisa remangadas, vestido con un chaleco de punto y regando las flores con el agua de una lata de cobre bruñido con una válvula de pistón a presión. Yo le gustaba, de un modo extraño, y no le gustaba mi madre, y ella lo odiaba, no con virulencia, sino con un resentimiento dócil y tóxico.

Llevo puesto mi conjunto preferido: un traje de vaquero y un sombrero de flecos. Mi cuerpecito oscila de un lado a otro por el peso de un par de Colts de pistones.

Una mujer aparece en el jardín y el abuelo me pide que entre en casa para buscar a mi madre que está preparando su habitual pila de sándwiches.

Corro a casa, la señora Winterson se quita el delantal y se dispone a asomarse a la puerta.

Desde el recibidor observo a escondidas la escena. Hay una discusión entre las dos mujeres, una terrible discusión que no logro entender, y algo fiero y aterrador, como el pánico animal. La señora Winterson cierra de un portazo y permanece un instante apoyada en la puerta. Yo salgo de mi escondite. Ella se vuelve. Ahí estoy, con mi traje de vaquero.

—¿Era mi mamá?

La señora Winterson me da un tortazo tan fuerte que me caigo de espaldas. Luego echa a correr escaleras arriba.

Salgo al jardín. El abuelo está regando las rosas. Me ignora. No hay nadie allí.

2

Mi consejo para todos:
vale la pena nacer

Nací en Manchester en 1959. Era un buen sitio para nacer.

Manchester está en el sur del norte de Inglaterra.

Su carácter encierra una contradicción —un sur y un norte entrelazados— a la vez agreste y algo urbana; al mismo tiempo conectada y cosmopolita.

Manchester fue la primera urbe industrial del mundo; sus telares y sus molinos se transformaron y transformaron las fortunas de Gran Bretaña. Manchester tenía canales, un fácil acceso al gran puerto de Liverpool y ferrocarriles que transportaban a pensadores y emprendedores arriba y abajo hacia Londres. Su influencia afectó al mundo entero.

Manchester era todo mezcla. Era radical —Marx y Engels estuvieron aquí—. Era represora —la masacre de Peterloo y las leyes del grano—. Manchester hilaba riquezas que iban más allá de los sueños más salvajes, y tejía desesperación y degradación en la tela humana. Era utilitarista, en el sentido de que todo se veía sometido a la prueba de «¿Esto sirve?». Era utópica —cuaquerismo, feminismo, movimiento por la abolición de la esclavitud, socialismo, comunismo.

La mezcla manchesteriana de alquimia y geografía es indisociable. Lo que es, donde es… Mucho antes de que los romanos plantaran aquí una fortaleza en el año 79 d. C., los celtas alababan a la diosa fluvial del Medlock. Esto era Mam-ceaster, y «Mam» es madre, es seno, es fuerza vital…, energía.

Al sur de Manchester está la planicie de Cheshire. Los asentamientos humanos en Chesire son de los más antiguos encontrados en las islas Británicas. Había poblados aquí, y rutas extrañas pero directas hacia lo que más adelante sería Liverpool, en el ancho y profundo río Mersey.

Al norte y al este de Manchester se encuentran los Peninos, la cadena de montañas bajas, agrestes y salvajes que recorre el norte de Inglaterra, donde había escasos y muy dispersos asentamientos humanos, en los que hombres y mujeres llevaban vidas solitarias, en ocasiones fugitivas. La suave planicie de Cheshire, civilizada y poblada, y los inhóspitos y pelados Peninos de Lancashire, el lugar para crecer, el lugar para evadirse.

Hasta los cambios en las delimitaciones territoriales, Manchester tenía una parte en Lancashire y otra parte en Cheshire, lo cual la convertía en una ciudad doble enraizada en una energía inagotable y en contradicciones.

El desarrollo textil de principios del siglo XIX engulló todas las localidades y pueblos de los alrededores formando una gigantesca máquina de hacer dinero. Hasta la Primera Guerra Mundial, el sesenta y cinco por ciento del algodón mundial se confeccionaba en Manchester. La ciudad era conocida como Cottonopolis.

Imagináoslo: enormes fábricas de máquinas de vapor iluminadas por lámparas de gas y las viviendas amontonadas entre ellas. La suciedad, el humo, la peste a tintes y amoniaco, a sulfuros y carbón. El dinero, la actividad incesante día y noche, el sonido ensordecedor de los telares, de los trenes, de los tranvías, de los carros sobre los adoquines, de una vida humana bulliciosa e incansable, un infierno de Niebleheim, y una triunfante obra del trabajo y la determinación.

Todos los que visitaban Manchester se quedaban a la vez admirados y horrorizados. Charles Dickens usó la ciudad como la base para su novela *Tiempos difíciles*; aquí estaba lo mejor y lo peor de los tiempos; todo lo que la máquina podía conseguir, y el terrible coste humano.

Hombres y mujeres, harapientos, agotados, ebrios y enfermos, trabajaban en turnos de doce horas seis días a la semana, se quedaban sordos, destruían sus pulmones, no veían la luz del sol, llevaban a sus hijos para que gatearan bajo el terrorífico traqueteo de las máquinas y recogieran pelusas, barrieran, perdieran manos, brazos y piernas; niños pequeños, niños débiles, sin educar y muchas veces no deseados; las mujeres trabajaban tan duro como los hombres, y además cargaban con el peso de las responsabilidades del hogar.

> Una multitud de niños y mujeres en harapos rondan por esos lugares, tan sucios como los cerdos que se arrellanan en los montones de cenizas y en las charcas. Sin alcantarillado ni pavimento, por todas partes hay aguas estancadas. El humo de una docena de chimeneas de fábricas … una cantidad inconmensurable de inmundicias y fango hediondo.
>
> Engels, *La situación de la clase obrera en Inglaterra*. 1844

La dureza de la vida en Manchester, donde nada se podía ocultar a la vista, donde los éxitos y las vergüenzas de esta nueva e incontrolable realidad estaban por todas partes, condujo a Manchester a un radicalismo que, a la larga, se volvió más importante que el comercio del algodón.

Manchester era activa. La familia Pankhurst se hartó de tanta palabrería y de no poder votar, y en 1903 comenzaron a militar en la Unión Política y Social de la Mujer.

La primera Conferencia de Sindicatos se celebró en Manchester en 1868. Su objetivo era el cambio, no hablar sobre el cambio.

Veinte años antes, en 1848, Karl Marx había publicado el *Manifiesto comunista*, inspirado en gran parte en la época que pasó en Manchester junto a su amigo Friedrich Engels. Hombres teóricos que se convirtieron en activistas tras pasar por una ciudad que no deja tiempo para el pensamiento, que es un frenesí de actividad, y Marx quería transformar esa energía desalmada e imparable de la actividad en algo bueno…

El tiempo que Engels pasó en Manchester, trabajando en la empresa de su padre, le permitió descubrir la brutal realidad de la vida de la clase trabajadora. *La situación de la clase obrera en Inglaterra* es un tratado que aún hoy en día merece la pena leer, un recuento sobrecogedor y perturbador de los efectos de la Revolución industrial en la gente corriente. Lo que sucede cuando «las personas solo se consideran objetos útiles».

Donde naces —en lo que naces, el lugar, la historia del lugar, cómo esa historia se imbrica con la tuya— deja una impronta en quién eres, por mucho que digan los expertos en globalización.

Mi madre biológica era operaria en una fábrica. Mi padre adoptivo trabajaba de peón reparando carreteras y luego hacía un turno descargando carbón en la central térmica. Trabajaba diez horas de un tirón, hacía horas extras siempre que podía, se ahorraba el billete de autobús recorriendo en bicicleta seis millas para ir y otras seis para volver, y nunca tuvo suficiente dinero para comer carne más de dos días por semana ni para permitirse algo más exótico que una semana al año en la costa.

No le iba mejor ni peor que a ninguno de nuestros conocidos. Éramos la clase trabajadora. Éramos la masa delante de la fábrica.

Yo no quería formar parte de la bulliciosa masa de la clase trabajadora. Quería trabajar, pero no como él. No quería desaparecer. No quería vivir y morir en el mismo lugar con solo una semana en la costa entre medias. Soñaba con escapar, pero lo terrible de la industrialización es que escaparse se convierte en algo necesario. En un sistema que genera masas, el individualismo es la única salida. Pero entonces, ¿qué sucede con la comunidad?, ¿con la sociedad?

Como dijo la primera ministra Margaret Thatcher, siguiendo el espíritu de su amigo Ronald Reagan, conmemorando la década del ego de los ochenta: «No existe eso llamado sociedad...».

Pero yo no me preocupaba por nada de eso mientras crecía, y tampoco lo entendía.

Yo solo quería salir.

Mi madre biológica, por lo que me contaron, era una cosita pelirroja salida de los talleres de Lancashire, que me tuvo a los diecisiete, así de sencillo.

Procedía del pueblo de Blakely, donde se confeccionó el vestido de novia de la reina Victoria, aunque cuando mi madre nació y cuando yo nací, Blakely ya no era un pueblo. El campo fue obligado a penetrar en la ciudad, esa es la historia de la industrialización, en la que hay algo de desesperación, algo de emoción, algo de brutalidad y algo de poesía, y todas esas cualidades se reúnen en mí.

Cuando yo nací ya no quedaban talleres pero todavía estaban las largas hileras de casas adosadas, a veces de piedra, a veces de ladrillo, bajo tejados de pizarra de poca inclinación. Usando placas de pizarra la inclinación de tu tejado puede ser de apenas 33 grados; con placas de piedra tienes que llegar a los 45 grados o incluso los 54. El aspecto de un lugar tiene mucho que ver con los materiales que se utilizan. Los tejados de piedra, con más pendiente, consiguen que el agua corra más lenta porque rebota sobre las mellas y hendiduras de la piedra. La pizarra es plana y rápida, y si los tejados de pizarra tuvieran una mayor inclinación, las cascadas de agua inundarían los canalones. La escasa pendiente ralentiza ese flujo.

Ese típico aspecto gris, plano y sin encanto de los tejados del norte industrial es algo eficiente y tiene sentido, como la industria para la cual se construyeron las casas. Lo asumes, trabajas duro y no te preocupas por la belleza ni por soñar. No construyes para que quede bonito. Suelos de gruesas baldosas, cuartos pequeños y humildes, sombríos patios traseros.

Si trepas al tejado de una casa, lo único que hay son los chatos cañones de las chimeneas comunes que lanzan humo de carbón a la bruma que oculta el cielo.

Pero…

Los Peninos de Lancashire son el lugar para soñar. Bajos, chatos, macizos, duros, la línea de colinas siempre está a la vista, como un amargado vigilante que ama algo que no puede defender, pero que se queda de todos modos, encorvado sobre la fealdad que producen los seres humanos. Permanece herido y maltrecho, pero permanece.

Si sales de Manchester por la M62 en dirección a Accrington, donde pasé mi infancia, se ven los Peninos, sorprendentes por lo inesperado y por su silencio. Este es un paisaje de pocas palabras, taciturno, reacio. No tiene una belleza fácil.

Pero tiene belleza.

En algún momento, entre las seis semanas y los seis meses de vida, me sacaron de Manchester y me llevaron a Accrington. Se acabó todo para mí y la mujer que me trajo al mundo.

Ella se marchó. Yo me marché.

Me adoptaron.

El 21 de enero de 1960 es la fecha en la que John William Winterson, de profesión peón, y Constance Winterson, de profesión empleada, recibieron al bebé que pensaban que querían y se lo llevaron a su casa del número 200 de Water Street, en Accrington, Lancashire.

Habían comprado aquella casa por doscientas libras en 1947.

1947, el invierno más gélido del siglo XX en las islas Británicas, con tanta nieve que llegaba a la altura del piano de pared cuando lo empujaron para que entrara por la puerta.

1947, y la guerra había acabado, y el ejército licenció a mi padre, que intentó ganarse la vida lo mejor que pudo, y su esposa tiró su anillo de casada por el desagüe, rechazando cualquier contacto sexual.

No sé, ni sabré nunca, si no podía tener hijos o simplemente no podía soportar los requisitos.

Sé que los dos bebían un poco y que los dos fumaban antes de descubrir a Jesús. Y no creo que mi madre estuviera deprimida en aquellos días. Tras la cruzada de la carpa, en la que se convirtieron en cristianos evangélicos pentecostales, los dos dejaron la bebida —con la excepción del licor de cerezas por Año Nuevo— y mi padre cambió sus pitillos Woodbine por caramelos de menta Polo. Mi madre siguió fumando porque aseguraba que le ayudaba a no engordar. Sin embargo, tenía que fumar en secreto, y siempre llevaba en el bolso un ambientador que ella aseguraba que era insecticida.

A nadie parecía extrañarle que llevara insecticida en el bolso.

Ella estaba convencida de que Dios le encontraría un hijo, y supongo que ya que Dios iba a encargarse de proveer el bebé, se podía tachar el sexo de la lista. No sé cómo le sentaría aquello a papá. La señora Winterson siempre decía: «Él no es como los demás hombres…».

Todos los viernes él le entregaba su paga y ella le devolvía la calderilla suficiente para tres paquetes de caramelos de menta Polo.

«Son su único placer…», decía ella.

Pobre papá.

Cuando a los setenta y dos él volvió a casarse, su nueva esposa Lillian, que tenía diez años menos que él y era una chica alegre, me contó que era como acostarse con un hierro al rojo vivo.

Hasta que cumplí los dos años, yo chillaba mucho. Esto era a todas luces la evidencia de que estaba poseída por el Demonio. La psicología infantil no había llegado a Accrington, y a pesar de los importantes trabajos de Winnicott, Bowlby y Balint sobre el afecto, y el trauma de verse separado a una temprana edad del objeto de amor que es la madre, un bebé gritón no era un bebé con el corazón roto, era una criatura del Demonio.

Eso me confería un extraño poder, así como todas las vulnerabilidades. Creo que mis nuevos padres me tenían miedo.

Los bebés dan miedo: tiranos en ciernes cuyo único reino es su propio cuerpo. Mi nueva madre tenía un montón de problemas con el cuerpo —con el suyo, con el de mi padre, con la unión de sus cuerpos y con el mío—. Había envuelto su propio cuerpo en carne y ropas, suprimido sus apetitos con una temerosa mezcla de nicotina y religión, lo había medicado con purgativos que la hacían vomitar, lo había sometido a médicos, que le administraron edemas y anillos pélvicos, había contenido su anhelo de roce ordinario y disfrute, y de repente, sin salir de su propio cuerpo y sin preparación, tenía una cosa que era todo cuerpo.

Algo fecal que eructaba, se mojaba, se estiraba y sacudía el hogar con su tosca vida.

Ella tenía treinta y siete años cuando yo llegué, y mi padre tenía cuarenta. En nuestros días es algo bastante normal, pero no era normal en los años sesenta, cuando la gente se casaba joven y formaba una familia a los veinte años. Ella y mi padre ya llevaban quince años casados.

Su matrimonio estaba chapado a la antigua. Mi padre nunca cocinaba y, con mi llegada, mi madre dejó de trabajar fuera de casa. Aquello resultó fatal para ella, transformó su naturaleza introvertida en una depresión amurallada. Siempre hubo muchas peleas sobre asuntos diversos, pero la verdadera batalla en-

tre nosotras era en realidad la batalla entre la felicidad y la infelicidad.

Con mucha frecuencia me sentía llena de rabia y desesperación. Siempre fui una solitaria. A pesar de todo eso, amaba y sigo
amando la vida. Cuando me enfadaba me iba a pasear por los Peninos; todo el día con un bocadillo de mermelada y una botella
de leche. Cuando me dejaban fuera de casa o, el otro castigo fa-
vorito, me encerraban en la carbonera, me inventaba historias y
me olvidaba del frío y de la oscuridad. Sé que son técnicas de su-
pervivencia, pero puede que el rechazo, cualquier rechazo, a que
te destruyan, deja entrar luz y aire suficientes para seguir creyen-
do en el mundo y en el sueño de escapar.

Hace poco encontré algunos de mis escritos, con la típica poesía barata adolescente, pero también una línea que, de un modo
inconsciente, utilicé más adelante en *Las naranjas no son la única
fruta*: «Lo que quiero existe si me atrevo a encontrarlo...».

Sí, es el típico melodrama juvenil, pero esa actitud parece tener una función protectora.

Me gustaban las historias sobre tesoros enterrados y niños
perdidos y princesas secuestradas. Aquellas en las que encuentran
el tesoro, los niños vuelven y las princesas son liberadas, me parecía esperanzador.

Y la Biblia me decía que aunque nadie me quisiera en la tierra, había un Dios en el cielo que me amaba como si yo fuera la
única persona que siempre le hubiese importado.

Me lo creía. Me ayudaba.

Mi madre, la señora Winterson, no amaba la vida. No creía que
nada pudiera hacer la vida mejor. Una vez me dijo que el univer-

so es un cubo de basura cósmica, y después de pensármelo un poco, le pregunté si el cubo tenía la tapa puesta o no.

«Puesta —dijo—. Nadie se escapa.»

La única salida era Armagedón, la última batalla cuando el cielo y la tierra se enroscarán como un pergamino, y los elegidos podrán vivir la eternidad junto a Jesús.

Ella todavía conservaba su Despensa de la Guerra. Cada semana metía una nueva lata —algunas latas llevaban allí desde 1947— y yo suponía que cuando comenzara la última batalla tendríamos que vivir bajo las escaleras con el betún y alimentarnos a base de latas. Mis tempranos éxitos con la carne enlatada me tranquilizaban. Comeríamos nuestras raciones y esperaríamos a Jesucristo.

Me preguntaba si seríamos liberados por Jesús en persona, pero la señora Winterson pensaba que no. «Enviará a un ángel.»

Así serían las cosas: un ángel bajo las escaleras.

Me preguntaba dónde iba a meter las alas, pero la señora Winterson decía que el ángel no se uniría a nosotros en la despensa, simplemente abriría la puerta y nos diría que ya había llegado el momento de salir. Nuestra mansión en el cielo ya estaba lista.

Aquellas complicadas interpretaciones de un futuro postapocalíptico ocupaban su mente. A veces parecía feliz y tocaba el piano, pero la infelicidad siempre rondaba cerca y en cuanto otro pensamiento nublaba su mente dejaba de tocar, abruptamente, bajaba la tapa del instrumento y se ponía a recorrer de arriba abajo, frenéticamente, el callejón de atrás bajo las cuerdas de tender la ropa, caminando sin parar, como si hubiera perdido algo.

Había perdido algo. Algo muy grande. Había perdido/estaba perdiendo la vida.

Estábamos unidas por nuestras pérdidas y lo que perdíamos. Yo había perdido ese lugar cálido y seguro, por muy caótico que resulte, de la primera persona a la que amé. Había perdido mi apellido y mi identidad. Los niños adoptados están descolocados. Mi madre sentía que la vida entera era un enorme descoloque. Ambas deseábamos encontrar nuestro hogar.

Sin embargo, me apasionaba lo del Apocalipsis, porque la señora Winterson lo hacía apasionante, pero en secreto deseaba que la vida siguiera hasta que yo pudiera ser mayor y descubrir más cosas.

Lo único bueno de que te encierren en una carbonera es que estimula la reflexión temprana.

Leída por sí sola esa frase resultaría absurda. Pero en mi empeño por comprender cómo funciona la vida —y por qué unas personas se enfrentan a la adversidad mucho mejor que otras— vuelvo a algo que tiene que ver con decir sí a la vida, que es amor a la vida, sin importar que resulte incongruente, y amor por una misma, que pese a todo se descubre. No al estilo «yo primero», que es lo contrario a la vida y al amor, sino con una determinación como la del salmón para nadar contracorriente, sin importar lo agitadas que estén las aguas, porque esa es tu corriente…

Lo cual me devuelve a la felicidad y a un rápido vistazo a la palabra.

Nuestro sentido básico hoy en día es el sentimiento de placer y satisfacción; un ronroneo, un gustillo, el sentimiento panza arriba de estar bien y sano y relajado y vivo…, ya sabéis…

Pero hay otros significados más primitivos basados en el *hap* —que en inglés medio era *happ*, y en inglés antiguo, *gehapp*—, el azar o la fortuna, buena o mala, que te corresponde. *Hap* es lo que te ha tocado en la vida, las cartas con las que tienes que jugar.

El modo en que afrontes tu *hap* determinará si serás o no feliz (*happy*).

Lo que los norteamericanos, en su Constitución, llaman «el derecho a la búsqueda de la felicidad» (fijaos bien en que no dicen «el derecho a la felicidad»), es el derecho a nadar río arriba, como el salmón.

Buscar la felicidad, algo que hice y todavía hago, no es lo mismo que ser feliz, algo que considero fugaz, dependiente de las circunstancias y un poco soso.

Si el sol brilla, deja que te dé —sí, sí, sí—. Los tiempos felices son maravillosos, pero los tiempos felices pasan —así tiene que ser— porque el tiempo pasa.

La búsqueda de la felicidad es algo más difícil de definir; dura toda la vida y no tiene un objetivo concreto.

Lo que persigues es un sentido, una vida con sentido. Ahí está el *hap*, el destino, tu mano de cartas, y no es algo fijo, pero cambiar el curso de la corriente o jugar con otras cartas, da igual la metáfora que queráis usar, requiere un montón de energía. A veces irá tan mal que apenas vivirás, y otras veces te darás cuenta de que vivir apenas, de acuerdo con tus condiciones, es mejor que vivir una medio-vida abotargada según las condiciones de otro.

La búsqueda no es a todo o nada, es todo y nada. Como todas las historias de aventuras.

Cuando nací me convertí en la esquinita visible de un mapa doblado.

El mapa tiene más de una ruta. Más de un destino. Ese mapa que es tu yo desplegándose en la realidad no lleva a ningún sitio en concreto. La flecha que dice: USTED ESTÁ AQUÍ es tu primera coordenada. Hay muchas cosas que no puedes cambiar cuando eres un niño. Pero puedes empezar a preparar la maleta para el viaje...

3

En el principio fue el verbo

Mi madre me había enseñado a leer el Deuteronomio porque abundan los animales (en su mayoría inmundos). Cada vez que leíamos «Mas no debéis comer de los que rumían y no tienen la uña hendida», mi madre me dibujaba los seres mencionados. Caballos, conejos y patitos eran animales imprecisos y fabulosos, pero yo lo sabía todo sobre pelícanos, tejones, perezosos y murciélagos… Mi madre dibujaba insectos alados y las aves del aire, pero mis animales predilectos eran los del fondo del mar, los moluscos. Tenía una buena colección recogida en la playa de Blackpool. Mi madre tenía un rotulador azul para las olas y tinta marrón para el cangrejo de lomo escamoso. Los bogavantes los dibujaba con boli rojo… El Deuteronomio tiene sus contras: está plagado de Abominaciones y Cosas Impronunciables. Cada vez que leíamos algo acerca de un cabrón o de alguien con los testículos machacados, mi madre pasaba la página y decía: «Dejémoslo en manos del Señor», pero en cuanto ella se iba, yo miraba de reojo. Me alegré de no tener testículos. Parecían como intestinos volcados hacia fuera y a los hombres de la Biblia siempre se los cortaban y no podían ir a la iglesia. Horroroso.

Fragmento de *Las naranjas no son la única fruta*

Mi madre era la encargada del lenguaje. Mi padre nunca había aprendido a leer bien; lo hacía lentamente, pasando el dedo por la línea, pues había abandonado el colegio a los doce años para trabajar en los muelles de Liverpool. Antes de los doce, nadie se había preocupado por leerle cosas. Su padre había sido un borracho que solía llevar a su pequeño hijo al pub con él, lo dejaba fuera, salía tambaleándose horas más tarde y se iba a casa, olvidándose de mi padre, dormido en un portal.

A papá le encantaba que la señora Winterson leyera en voz alta, y a mí también. Ella se ponía en pie mientras nosotros dos permanecíamos sentados, algo íntimo e imponente al mismo tiempo.

Todas las noches, nos leía la Biblia durante media hora, empezando por el principio y avanzando por los sesenta y seis libros del Antiguo y el Nuevo Testamento. Cuando llegaba a su parte preferida, el Apocalipsis, y todos explotaban y el Demonio estaba en su abismo sin fondo, nos daba una semana para reflexionar. Después volvía a empezar, Génesis, capítulo uno. «En el principio fue el verbo. Dios creó los cielos y la tierra…»

A mí me parecía demasiado trabajo hacer un planeta entero, un universo entero, y luego cargárselo, pero ese es uno de los problemas de las interpretaciones literales del cristianismo; ¿para qué cuidar el planeta si sabes que va a acabar hecho pedazos?

Mi madre era una buena lectora, segura de sí misma y muy enérgica. Leía la Biblia como si hubiera sido escrita —y quizá así fuera— para ella. Muy temprano adquirí la noción de que el poder de un texto no tiene una duración limitada. Las palabras siguen haciendo su trabajo.

Las familias de clase obrera del norte de Inglaterra escuchaban la Biblia de 1611 con regularidad en la iglesia y en casa, y como todavía había algunas expresiones arcaicas en nuestro hablar cotidiano, su lenguaje no nos resultaba tan complicado. Me gustaba sobre todo aquello de «los vivos y los muertos». Consigues hacerte una buena idea de la diferencia cuando vives en una casa llena de ratones y trampas.

En los años sesenta, muchos hombres —y eran hombres, no mujeres— asistían a clases nocturnas en los Institutos para Trabajadores o en el Instituto de Mecánicos, otra iniciativa progresista surgida en Manchester. La idea de la «mejora personal» no se concebía entonces como algo elitista, ni se asumía que todos los valores son relativos, ni que toda la cultura es más o menos idéntica, ya sean películas de terror o Shakespeare.

Aquellas clases nocturnas se centraban en Shakespeare, y nadie se quejaba de que el lenguaje fuera complicado. ¿Por qué no? Porque no era complicado. Era la lengua de la Biblia de 1611; la versión del rey Jaime apareció el mismo año de la primera representación pública de *La tempestad*. Shakespeare escribió *Cuento de invierno* aquel año.

Era un hilo conductor útil, roto por unos tipos bien preparados y bienintencionados que no pensaron en las consecuencias para la cultura en general de tener biblias modernas con el lenguaje podado. El resultado fue que hombres y mujeres sin estudios, hombres como mi padre, o niñas como yo, que íbamos a escuelas corrientes, dejamos de tener un vínculo cotidiano y sencillo con cuatrocientos años del idioma inglés.

Mucha gente mayor que yo conocía, de la generación de mis padres, podían repetir citas de Shakespeare, de la Biblia o incluso de poetas metafísicos como John Donne, sin conocer la fuente, o mezclándolas y confundiendo a un autor con otro.

A mi madre, dada su naturaleza apocalíptica, le gustaba recibir tanto las calamidades como la buena suerte con la siguiente sentencia: «Nunca preguntes por quién doblan las campanas...». La pronunciaba con un adecuado tono sepulcral. Como las iglesias evangélicas no tienen campanarios, nunca comprendí que se refería a la muerte, y hasta que fui a Oxford no descubrí que se trataba de una cita mal recordada de un fragmento en prosa de John Donne, ese que comienza con «Ningún hombre es una isla entera por sí mismo...» y que termina así: «no quieras saber por quién doblan las campanas...».

Una vez, mi padre ganó la rifa del trabajo. Volvió a casa muy satisfecho. Mi madre le preguntó cuál era el premio.

«Cincuenta libras y dos cajas de Wagon Wheels» (unas galletas grandes y asquerosas de chocolate, con un vaquero y una diligencia en el envoltorio).

Mi madre no hizo ningún comentario, así que mi padre la presionó: «¡Qué bien! ¿Verdad, Connie? ¿Estás contenta?».

Ella dijo: «No preguntes por quién doblan las campanas...».

Así que no preguntamos.

Ella tenía otras citas favoritas. Nuestro horno de gas reventó. El técnico vino a repararlo y dijo que tenía mala pinta, lo cual no era una sorpresa dado que el horno y la pared estaban negros. La señora Winterson replicó: «Es una ofensa para el cielo, para los muertos, para la naturaleza». ¡Demasiada carga para un pobre horno!

Le gustaba esa frase y en más de una ocasión la empleó para definirme; cuando algún conocido le preguntaba por mí, la señora W bajaba la vista y suspiraba: «Esa niña es una ofensa para el cielo, para los muertos, para la naturaleza».

Yo lo llevaba peor que el horno. Sobre todo me preocupaba la parte de la muerte, y me preguntaba a qué desafortunado pariente que estuviese bajo tierra habría ofendido yo tanto.

Más adelante, encontré esas mismas palabras en *Hamlet*.

Una cita muy común, en ella y en otros, cuando salían perdiendo en una comparación, era: «Como un pero a una manzana».

Es una frase del Bufón en *El rey Lear*. Aun así, tiene un toque norteño, supongo que en parte debido a que una tradición de clase obrera es sobre todo una tradición oral, no escrita, aunque la riqueza de su lenguaje provenga de haber incorporado algunos clásicos en el colegio —aprendidos todos de memoria— y de haber usado el lenguaje de forma creativa para contar buenas historias. Haciendo un repaso, me doy cuenta de que nuestro bagaje de palabras no era pequeño, y nos encantaban las imágenes.

Hasta los años ochenta, la cultura visual, la cultura de la televisión, la cultura de masas, no tuvieron mucho impacto en el norte; seguía existiendo una fuerte cultura local y un poderoso dialecto. Me marché en 1979 y por entonces las cosas no eran muy distintas de 1959. Pero en 1990, cuando regresamos para grabar *Las naranjas...* para la BBC, todo había cambiado.

Para la gente que yo conocía, los libros eran escasos, pero los relatos estaban en todas partes, y era muy importante cómo los contabas. Hasta una charla en el autobús tenía su narrativa:

—Como no tienen mucho dinero, van a pasar la luna de miel en Morecambe.

—¡Qué pena! No hay nada que hacer en Morecambe, aparte de darte un baño.

—Me dan lástima.

—Bueno, por lo menos solo es una semana de luna de miel. Conozco a una mujer que se pasó toda su vida de casada en Morecambe.

No preguntes por quién doblan las campanas...

Mi madre contaba historias: sobre su vida en la guerra y cómo tocaba el acordeón en el refugio antiaéreo y aquello conseguía mantener alejadas a las ratas. Por lo visto, los roedores adoran el violín y el piano, pero no soportan el acordeón...

Sobre sus días cosiendo paracaídas: todas las chicas robaban pedazos de la tela para hacerse ropa.

Sobre la vida que la esperaba, cuando tuviera una mansión y no tuviera vecinos. Siempre deseó que todo el mundo se marchara lejos. Cuando yo lo hice, nunca me lo perdonó.

Le encantaban las historias de milagros, seguramente porque su vida distaba tanto de un milagro como Júpiter de la Tierra. Creía en los milagros, aunque nunca se le concedió uno; bueno, quizá sí tuvo uno, pero fui yo, y ella no sabía que muchas veces los milagros van de incógnito.

Yo era un milagro en el sentido de que podría haberla sacado de aquella vida y haberle proporcionado otra que le habría gustado mucho. Aquello nunca sucedió, pero eso no significa que la posibilidad no hubiera estado ahí. Aquello siempre fue para mí una lección brutal sobre no pasar por alto o confundir lo que está ahí, en tus manos, ahora. Siempre pensamos que lo que nos hace falta para transformarlo todo —el milagro— está en otra parte, pero con frecuencia está justo a nuestro lado. A veces somos nosotros mismos.

Las historias de milagros que le gustaban eran las de la Biblia, como la de los cinco panes y los dos peces, seguramente porque nunca tuvimos suficiente para comer, o la avanzadilla de Jesucristo en la Tierra.

A mí me gustaba en particular el Gigante Aleluya, de ocho pies, reducido a seis pies con tres gracias a las oraciones de los fieles.

Y también estaban las historias sobre sacos de carbón aparecidos de ninguna parte, y una libra que inesperadamente encuentras en tu monedero cuando más la necesitas.

No le gustaban las historias sobre muertos que volvían de sus tumbas. Siempre decía que si se moría, no teníamos que rezar para que regresara.

El dinero para su funeral estaba cosido en las cortinas, al menos lo estaba hasta que yo lo robé. Cuando descosí el dobladillo, encontré una nota escrita con su letra —estaba tan orgullosa de su letra— que decía: «Jack y Jeanette, no lloréis. Ya sabéis dónde estoy».

Pero lloré. ¿Por qué la pérdida es la medida del amor?

4

El problema con un libro...

Había seis libros en nuestra casa.

Uno era la Biblia y dos eran comentarios sobre la Biblia. Mi madre era una panfletaria por temperamento y sabía que el material impreso aviva la sedición y la controversia. El nuestro no era un hogar laico y mi madre estaba resuelta a que yo no recibiera influencias laicas.

Pregunté a mi madre por qué no podíamos tener libros y me contestó: «El problema con un libro es que nunca sabes qué contiene hasta que es demasiado tarde».

«Demasiado tarde, ¿para qué?», pensé para mis adentros.

Empecé a leer libros en secreto —no había otro modo— y cada vez que abría las páginas me preguntaba si esta vez sería demasiado tarde; un último trago (de barril) que me cambiaría para siempre, como la botella de Alicia, como la fabulosa poción en *El doctor Jekyll y míster Hyde*, como el misterioso líquido que determina el destino de Tristán e Isolda.

En los mitos, en las leyendas, en los cuentos de hadas y en todas las historias que beben de esas fuentes, tanto el tamaño como la forma son aproximados y susceptibles al cambio. Esto incluye el tamaño y la forma del corazón, de modo que de pronto se puede despreciar al amado, o el ser odiado se puede convertir en amado. Mirad lo que sucede en *El sueño de una noche de verano* de Shakespeare cuando las gotitas de Puck consiguen que Lisandro deje de ser un mujeriego oportunista y se vuelva un devoto esposo. Shakespeare recurre a la poción mágica no para alterar el objeto de deseo —las mujeres son las que son—, sino para forzar al hombre a verlas de un modo diferente.

En la misma obra, Titania sufre un breve enamoramiento por un zopenco que viste una cabeza de asno, un uso pícaro de la poción transformadora, pero que cuestiona la realidad: ¿realmente vemos lo que creemos ver? ¿Amamos como creemos amar?

Crecer es difícil. Por extraño que resulte, incluso cuando dejamos de crecer físicamente, parece que tenemos que seguir creciendo emocionalmente, lo cual implica tanto expansión como contracción, pues ciertas partes de nosotros se desarrollan y otras hay que dejar que desaparezcan… La rigidez nunca funciona; terminamos siendo de una talla equivocada para nuestro mundo.

Albergaba un rencor tan grande que podría llenar con él una casa. Me sentía tan desolada que era como Pulgarcito, que tenía que esconderse bajo una silla para que no lo pisaran.

¿Recordáis cómo engañó Simbad al genio? Simbad abre la botella y aparece un genio de trescientos pies de alto que dejará tieso a Simbad. Así que Simbad apela a su vanidad y apuesta con él a que no es capaz de volver a meterse en la botella. En cuanto el genio lo hace, Simbad tapona el cuello de la botella hasta que el genio aprende a comportarse.

A Jung, no a Freud, le gustaban los cuentos de hadas por lo que nos cuentan sobre la naturaleza humana. A veces, con mucha frecuencia, una parte de nosotros es a la vez voluble y poderosa: ahí va esa rabia enorme que puede matarte a ti y a los demás, y que amenaza con aplastarlo todo. No podemos negociar con esa parte poderosa pero enrabietada de nosotros, hasta que le enseñamos a comportarse, lo que significa volver a meterla en la botella para mostrarle quién está al mando. Esto no es represión, sino la búsqueda de un recipiente. En la terapia, el psicólogo actúa como recipiente de lo que no nos atrevemos a sacar porque nos asusta, o de lo que sale con demasiada frecuencia y destroza nuestras vidas.

Los cuentos de hadas nos previenen de que no existe una talla estándar, eso es una ilusión de la vida industrial. Una ilusión contra la que todavía luchan los agricultores cuando intentan ofrecer verduras uniformes a los supermercados...; no, el tamaño es particular y está sujeto al cambio.

Las historias de los dioses que aparecen con forma humana —deidades con poderes reducidos— son también historias contra la falsedad de las apariencias: las cosas no son lo que parecen.

Creo que tener el tamaño adecuado para tu mundo —y saber que tanto tú como tu mundo no tienen de ningún modo unas dimensiones fijas— es un truco muy válido para aprender a vivir.

La señora Winterson era demasiado grande para su mundo, pero, sombría y torpe, se agachaba bajo la estantería inferior y solo explotaba de vez en cuando hasta alcanzar sus trescientos pies de altura, con lo que nos podía a todos. Entonces, como eso era inútil, superfluo, solo destructivo, o eso parecía, volvía a contraerse, derrotada.

Soy bajita, por eso me gustan las historias del chico pequeño/desvalido, aunque no hablen directamente de un tamaño con relación a otro. Pensad, por ejemplo, en *Las habichuelas mágicas*, que trata básicamente de un gigante feo y estúpido y un pequeñín listo, Jack, de pies rápidos. Vale, pero el elemento voluble son las habichuelas, que comienzan siendo una plantita y crecen hasta convertirse en algo gigantesco parecido a un árbol por el que escala Jack para llegar al castillo. Este puente entre dos mundos es impredecible y muy sorprendente. Más adelante, cuando el gigante intenta subir en pos de Jack, hay que cortar el tronco al instante. Esto sugiere que la búsqueda de la felicidad, a la que también podríamos llamar vida, está llena de elementos sorpresa que no duran en el tiempo: llegamos a algún sitio al que no podríamos ir de otro modo y sacamos provecho del viaje, pero no podemos quedarnos, no es nuestro mundo, y no debemos permitir que ese mundo se entrometa en el que nos es permitido habitar. Hay que cortar el tronco de las habichuelas. Pero las riquezas a gran escala del «otro mundo» se pueden traer al nuestro, como hace Jack al salir corriendo con el arpa que tocaba sola y con la gallina de los huevos de oro. Todo lo que «ganemos» se adaptará a nuestro tamaño y nuestra forma, como las princesas en miniatura y los príncipes sapos que asumen la forma verdadera y necesaria para su próxima vida, y la nuestra.

El tamaño importa.

En mi novela *Espejismos* (1989) inventé un personaje llamado la Mujer-Perro; una giganta que vive en el río Támesis. Sufre porque es demasiado grande para su mundo. Era otra lectura de mi madre.

Seis libros…; mi madre no quería que los libros cayeran en mis manos. Nunca se le ocurrió que sería yo la que caería en los libros, que me metería dentro de ellos para conservarme a salvo.

Todas las semanas la señora Winterson me enviaba a la biblioteca pública de Accrington para recoger su ración de novelas policíacas. Sí, eso es una contradicción, pero nuestras contradicciones nunca son tal para nosotros mismos. Le gustaban Ellery Queen y Raymond Chandler, y cuando yo ponía en cuestión el asunto de «el problema con un libro [o con una historia de polis] es que nunca sabes qué contiene hasta que es demasiado tarde…», me contestaba que si ya sabes que va a haber un muerto, no te llevas tanta sorpresa.

Se me permitía leer obras de no ficción sobre reyes y reinas e historia, pero nunca, jamás, ficción. Esos eran los libros en los que había problemas…

La biblioteca pública de Accrington era una biblioteca de piedra muy sólida erigida sobre los valores de una era de autoayuda y mejora personal. Se terminó en 1908 con dinero de la Carnegie Foundation. Por fuera estaban talladas las cabezas de Shakespeare, Milton, Chaucer y Dante. En el interior había mosaicos *art nouveau* y una gigantesca vidriera que predicaba cosas útiles como CON DILIGENCIA Y PRUDENCIA SE VENCE.

La biblioteca contenía todos los clásicos de la literatura inglesa, y algunas sorpresas como Gertrude Stein. No tenía ni idea de qué leer ni en qué orden, así que simplemente comencé por orden alfabético. Gracias a Dios que su apellido era Austen…

Uno de los seis libros de casa era algo inesperado: un ejemplar de *La muerte de Arturo*, de Thomas Malory. Era una bonita edición con imágenes, que había pertenecido a un tío bohemio y cultivado de mi madre, el hermano de su madre. Por eso ella lo conservó y yo lo leí.

Las historias de Arturo, de Lancelot y Ginebra, de Merlín, de Camelot y el Grial, se acoplaron a mí como la molécula que le falta a un compuesto químico.

He seguido trabajando con las historias del Grial durante toda mi vida. Son historias de pérdida, de lealtad, de fracaso, de reconocimiento, de segundas oportunidades. A veces tenía que dejar el libro y pasar a la parte donde Percival, buscando el Grial, tiene un día una visión de él, y luego, porque es incapaz de hacer la pregunta crucial, el Grial desaparece. Percival se pasa veinte años vagando por los bosques, buscando lo que había encontrado, lo que le fue entregado, algo que parecía muy fácil, pero que no lo era.

Más adelante, cuando tenía dificultades en el trabajo, cuando sentía que me había perdido o me alejaba de algo que no era capaz ni de identificar, la historia de Percival me daba esperanzas. Tenía que haber una segunda oportunidad...

De hecho, hay más de dos oportunidades, muchas más. Ahora sé, después de cincuenta años, que el encontrar/perder, olvidar/recordar, marchar/volver, nunca se termina. La vida entera se mueve alrededor de esa otra oportunidad, y mientras seguimos vivos, hasta el mismísimo final, siempre hay otra oportunidad.

Y, por supuesto, también me encantaba la historia de Lancelot porque habla del deseo y el amor no correspondido.

Sí, las historias son peligrosas, ella tenía razón. Un libro es una alfombra mágica que te transporta volando a cualquier sitio. Un libro es una puerta. La abres. La cruzas. ¿Volverás?

Tenía dieciséis años y mi madre estaba a punto de echarme de casa para siempre, por haber roto una gran regla, más grande que los libros prohibidos. La regla no solo era Nada De Sexo, sino que añadía terminantemente Nada De Sexo Con Tu Propio Sexo.

Yo tenía miedo y era infeliz.

Me acuerdo de que iba a la biblioteca a recoger las novelas policíacas. Uno de los libros que me encargó mi madre se titulaba *Asesinato en la catedral*, de T. S. Eliot. Ella dedujo que sería una morbosa historia sobre perversos monjes católicos, cualquier cosa que fuera mala para el Papa le gustaba.

El libro me pareció un poco corto —las novelas de misterio suelen ser bastante largas—, así que le eché un vistazo y vi que estaba escrito en verso. Sin duda no estaba bien... Nunca había oído hablar de T. S. Eliot. Pensaba que sería algún pariente de George Eliot. La bibliotecaria me contó que era un poeta norteamericano que pasó casi toda su vida en Inglaterra. Murió en 1964 y había ganado el premio Nobel.

No leía poesía porque mi objetivo era abrirme paso a través de la LITERATURA INGLESA EN PROSA DE LA A A LA Z.

Pero aquello era diferente...

Leí: «Este es un momento / pero has de saber que otro / te atravesará con una repentina alegría dolorosa».

Empecé a llorar.

Los lectores me miraron con reprobación, y la bibliotecaria me recriminó, porque en aquella época no podías ni estornudar en una biblioteca y mucho menos lloriquear. Por eso me llevé el libro fuera y lo leí de un tirón, sentada en las escaleras en medio del típico vendaval del norte.

Aquella obra hermosa y extraña hizo soportable aquel día, me ayudó a soportar la idea de otra familia fracasada. La primera vez no había sido culpa mía, pero todos los niños adoptados se culpan a sí mismos. La segunda fue por mi culpa, sin lugar a dudas.

Estaba confundida sobre el sexo y la sexualidad, y molesta por los problemas prácticos e inmediatos de dónde vivir, qué comer y cómo superar los exámenes.

No tenía a nadie que me ayudara, pero T. S. Eliot me ayudó.

Por eso cuando la gente dice que la poesía es un lujo, o una opción, o para las clases medias cultas, o que no se debería leer en el colegio porque es irrelevante, o cualquiera de esas extrañas tonterías que se dicen sobre la poesía y el lugar que ocupa en nuestras vidas, sospecho que a la gente que las dice le ha ido bastante bien. Una vida dura necesita un lenguaje duro, y eso es la poesía. Eso es lo que nos ofrece la literatura: un idioma suficientemente poderoso para contar cómo son las cosas.

No es un lugar donde esconderse. Es un lugar donde encontrar.

En muchos sentidos, había llegado el momento de marcharme. Los libros habían sacado lo mejor de mí, y mi madre había sacado lo mejor de los libros.

Trabajaba en el mercado los sábados y también los jueves y viernes después del colegio, empaquetando. Empleaba el dinero en comprar libros. Los colaba en casa y los escondía bajo el colchón.

Quien tenga una cama individual, tamaño estándar, y una colección de novelas de bolsillo, tamaño estándar, sabrá que se pueden acomodar setenta y dos libros por capa debajo del colchón. Gradualmente, mi cama comenzó a ganar altura de forma ostensible, como en *La princesa y el guisante*, de modo que no tardaría en dormir más cerca del techo que del suelo.

Mi madre tenía una mente suspicaz, pero aun cuando no la hubiera tenido, era evidente que su hija estaba trepando en el mundo.

Una noche entró y vio la esquinita de un libro asomando por debajo del colchón. Lo sacó y lo examinó con su linterna. Fue una elección desafortunada: D. H. Lawrence, *Mujeres enamoradas*.

La señora Winterson sabía que Lawrence era un satánico y un pornógrafo, y después de tirarlo por la ventana, se puso a hurgar y revolver, y yo me bajé a trompicones de la cama mientras ella tiraba un libro tras otro al patio de atrás por la ventana. Yo cogía algunos libros e intentaba ocultarlos, el perro corría con ellos, mi padre observaba la escena impotente y en pijama.

Cuando mi madre terminó, cogió la estufita de parafina que usábamos para calentar el cuarto de baño, salió al patio, derramó la parafina sobre los libros y les prendió fuego.

Los contemplé arder, y recuerdo que pensé en cuánto calor, cuánta luz había en la gélida y saturnal noche de enero. Los libros siempre habían sido luz y calor para mí

Los había forrado todos con papel de plástico porque eran preciosos. Ahora ya no estaban.

Por la mañana, había pedazos de textos dispersos por todo el patio y en el callejón. Rompecabezas chamuscados de libros. Recogí algunos de los cachos. Probablemente por eso escribo así, recogiendo pedacitos, insegura de la continuidad de la narrativa. ¿Qué dice Eliot? «Estos fragmentos he orillado contra mis ruinas...»

Estuve muy tranquila durante un tiempo, pero me había dado cuenta de algo importante: en cualquier momento te pueden quitar lo que asoma al exterior. Solo lo que está en tu interior está a salvo.

Empecé a memorizar textos. Siempre habíamos memorizado largos fragmentos de la Biblia, y parece que la gente que procede de la tradición oral tiene mucha más memoria que aquellos que confían en el texto conservado.

Hubo un tiempo en el que guardar archivos no era un acto administrativo; era una forma de arte. Los primeros poemas estaban ahí para conmemorar, para recordar, generación tras generación, ya sea la victoria en una batalla, o la vida de la tribu. La *Odisea, Beowulf* son poemas, sí, pero con una función práctica. Si no puedes escribirlo, ¿cómo lo vas a transmitir? Recuerdas. Recitas.

El ritmo y las imágenes de la poesía son más fáciles de recordar que la prosa, más fáciles de cantar. Pero yo también necesitaba la prosa, así que hice mis versiones concisas de las novelas del siglo XIX; buscaba lo mágico, sin preocuparme demasiado por el argumento.

Guardé líneas en mi interior, una red de luces guía. Tenía el lenguaje.

La ficción y la poesía son dosis, medicinas. Lo que curan es la ruptura que la realidad provoca en la imaginación.

Me habían herido y una parte muy importante de mí había sido destruida, esa era mi realidad, los hechos de mi vida; pero al otro lado de los hechos estaba quien yo podía ser, cómo me podía sentir, y mientras tuviera palabras, imágenes, historias, no estaba perdida.

Había dolor. Había alegría. Había la dolorosa alegría sobre la que escribió Eliot. Mi primera sensación de esa dolorosa alegría la tuve subiendo a la colina que había más arriba de nuestra casa, las largas y serpenteantes calles con una ciudad abajo y una colina en lo alto. Las calles adoquinadas. Las calles que conducían directamente a las fábricas.

Miré hacia fuera y no vi un espejo o un mundo. Era el lugar donde estaba, no el lugar donde querría estar. Los libros ya no estaban, pero eran objetos; lo que contenían no se podía destruir tan fácilmente. Lo que contenían ya estaba en mi interior, y juntos escaparíamos.

Y en pie ante la humeante pila de papel y caracteres, todavía caliente la fría mañana siguiente, comprendí que había algo más que podía hacer.

«A la mierda —pensé—. Puedo escribir yo.»

5

En casa

Vivíamos en una estrecha casa de una estrecha y larga fila de viviendas adosadas para obreros. La calle estaba adoquinada. El pavimento estaba formado por sólidas losas de piedra de York. Nuestra casa, el número 200, estaba casi al final.

Dentro de casa había un recibidor oscuro y angosto con un perchero para colgar los abrigos y un contador de gas de los de echar monedas. Saliendo del recibidor a la derecha estaba la mejor estancia, que se caracterizaba por una lámpara corriente, una radiogramola, un tresillo de vinilo y un armario vitrina.

Pasabas por esta puerta y había unas empinadas escaleras que conducían al piso de arriba. Seguías recto y estaba el salón, la cocina, el patio, la carbonera y el retrete exterior, conocido como el «Betty».

En el piso de arriba había dos dormitorios, uno a la derecha y otro a la izquierda. Cuando yo tenía catorce la habitación húmeda y llena de goteras de la izquierda se dividió en un pequeño dormitorio para mí y un cuarto de baño para todos. Hasta entonces, teníamos un cubo para las necesidades en el piso de arriba. Hasta entonces, todos dormíamos en la misma habitación. En esa habitación estaba la cama de matrimonio en la que dor-

53

mía mi padre, y en la que dormía mi madre si mi padre no estaba, y una cama individual pegada a la pared en la que dormía yo. Siempre se me dio bien dormir.

Entre las camas había una mesita con una lámpara con forma de globo terráqueo en mi lado, y un reloj despertador lámpara de cabecera con una bailarina giratoria al lado de la suya.

A la señora Winterson le encantaban los cacharros eléctricos multiusos de diseño hortera. Fue una de las primeras mujeres en tener un corsé calentador. Por desgracia, cuando se calentaba demasiado pitaba para avisar al usuario. Como el corsé, por lógica, iba por debajo de las enaguas, el vestido, el delantal y la chaqueta, poco podía hacer para enfriarlo excepto quitarse la chaqueta y salir al patio. Si llovía, tenía que quedarse en el Betty.

Era un buen retrete; encalado y compacto con una linterna colgada detrás de la puerta. Me llevaba libros a escondidas y los leía allí, en secreto, pretextando estreñimiento. Aquello era arriesgado porque la señora W era dada a los supositorios y los enemas. Pero siempre hay que pagar un precio por tu arte...

La carbonera no era un buen sitio; húmedo, sucio, frío. Odiaba que me encerraran allí mucho más de lo que odiaba que me dejaran fuera, en el peldaño. Gritaba y aporreaba la puerta pero no servía de nada. Una vez conseguí derribar la puerta, pero aquello fue seguido por una paliza. Mi madre nunca me pegaba. Esperaba a que mi padre volviera a casa y le decía cuántos golpes y con qué: la vara de plástico, el cinturón, o simplemente la mano.

A veces pasaba un día entero antes de que recibiera mi castigo, por eso crimen y castigo me parecían cuestiones inconexas, y el castigo me resultaba arbitrario y sin sentido. No les respetaba por eso. Pasado un tiempo, no me daba miedo. No modificaba mi comportamiento. Hacía que los odiase, no todo el tiempo, pero con el odio del desamparado; un odio parpadeante, decreciente, que poco a poco se fue convirtiendo en la base de nuestra relación. Un odio hecho de carbón y que ardía lentamente como el carbón y que se avivaba cada vez que había otro crimen, otro castigo.

El norte obrero de Inglaterra era un mundo de una brutalidad rutinaria. Los hombres pegaban a las mujeres —o, como lo llamaba D. H. Lawrence, les daban «un toque»— para meterlas en cintura. Con menos frecuencia, pero no era desconocido, las mujeres pegaban a los hombres, y si iba dentro de la extendida moralidad del «me lo tengo merecido» —por alcohólico, por mujeriego, por jugarse el dinero del hogar— los hombres aceptaban la somanta de palos.

A los niños se los abofeteaba casi todos los días, pero las palizas eran algo menos común. Los niños se peleaban todo el tiempo, niños y niñas por igual, y crecí sin preocuparme demasiado por el dolor físico. Pegaba a mis amigas hasta que me di cuenta de que no era aceptable. Incluso hoy en día, cuando estoy furiosa, lo que me gustaría hacer es tumbar a la persona desquiciante de un puñetazo.

Eso no resuelve nada, lo sé, y me he pasado mucho tiempo comprendiendo mi propia violencia, que no es de estilo gatita. Hay gente que nunca podría cometer un asesinato. Yo no soy una de ellos.

Es mejor saberlo. Mejor saber quién eres, y qué hay en ti, qué puedes llegar a hacer, ante una provocación extrema.

Mi padre empezó a pegar a su segunda esposa a los pocos años de casarse. Lillian me llamó a mi casa en los Cotswolds y me dijo: «Tu padre se ha puesto a arrojarme cosas. Le he devuelto algunas».

En aquel entonces vivían en un bungalow tutelado, un escenario inapropiado para la violencia doméstica, y mi padre tenía setenta y dos años. No me lo tomé en serio. ¿Qué estarían arrojándose? ¿Dentaduras postizas?

Sé que él pegaba a mi madre antes de que encontraran a Jesús, y sé que tanto a ella como a su propia madre les había pegado mi abuelo, pero mientras crecía, papá solo me pegaba cuando seguía instrucciones de mi madre.

Al día siguiente hice las cuatro horas de viaje hasta Accrington, y enviamos a papá a comprar *fish and chips*. Lillian me preparó un té y me lo sirvió en una taza de plástico. Había porcelana rota por todas partes.

«Mi juego de té —dijo Lillian—, lo que queda de él..., comprado y pagado con mi propio dinero, no con el suyo.»

Estaba indignada, sobre todo porque la señora Winterson había coleccionado porcelana Royal Albert durante toda la vida, un desagradable conjunto de vajilla sentimental guardado en el armario vitrina. Lillian había convencido a mi padre para venderlo y comenzar de nuevo.

Lillian tenía moratones. Papá parecía avergonzado.

Lo llevé en coche a la hoya de Bowland. Le encantaban las colinas y los valles de Lancashire, a los dos nos encantaban. Cuando era un hombre vigoroso, me llevaba en la parrilla de su bicicleta unas diez millas hasta que llegábamos a Pendle Hill y luego andábamos y andábamos el día entero. Aquellos fueron mis momentos más felices.

Él nunca hablaba mucho, pues era torpe e inseguro con el lenguaje, y mi madre y yo, largas de lengua y rabiosas en nuestras discusiones e intercambios. Pero sospecho que era el propio estilo conversacional de la señora Winterson, a lo testigo de Jehová —un verdadero soliloquio de por vida—, lo que silenció a mi padre más de lo que su propia naturaleza le permitía.

Le pregunté qué había pasado con la porcelana y no dijo nada durante una media hora, luego lloró. Nos servimos más té del termo y empezó a hablar sobre la guerra.

Había estado en el desembarco del día D. Estuvo en la primera oleada de tropas. No tenían munición, solo sus bayonetas. Mató a seis hombres con su bayoneta.

Me contó que había vuelto de permiso a Liverpool. Estaba tan cansado que entró en una casa abandonada, arrancó las cortinas y se tapó con ellas sobre un sofá. Al amanecer lo despertó un policía, sacudiéndolo por los hombros. ¿No se había enterado de lo que había pasado?

Papá miró a su alrededor, todavía medio dormido. Seguía en el sofá con las cortinas, pero la casa ya no estaba. Había sido bombardeada durante la noche.

Me contó que su padre lo llevó a dar vueltas y vueltas por los muelles de Liverpool buscando trabajo durante la Depresión. Papá nació en 1919, era uno de esos bebés nacidos de la celebración del final de la Primera Guerra Mundial, pero luego se olvidaron de celebrarlo a él. Pertenecía a la generación criada a tiempo para la siguiente guerra.

Tenía veinte años cuando lo llamaron a filas. Sabía lo que eran el desamparo y la pobreza, y sabía que hay que golpear a la vida antes de que ella te golpee.

De algún modo, todas aquellas partes de papá que llevaban tantos años hundidas en lo más profundo emergieron de nuevo a la superficie. Y con ellas vinieron sueños con la señora Winterson y su anterior vida de casados.

—La quería… —me decía.

—Pues claro, y ahora quieres a Lillian, y no tienes que arrojarle la tetera.

—Connie no me perdonará que me haya vuelto a casar.

—No pasa nada, papá. Se alegrará de que seas feliz.

—No, no se alegrará.

Y pienso que, a no ser que el cielo sea algo más que un lugar, a no ser que sea un trasplante completo de personalidad, ella no se alegraría…, pero no se lo digo. Comemos chocolate y nos quedamos en silencio. Entonces, me dice:

—Tengo miedo.

—No tengas miedo, papá.

—No, no —asiente, reconfortado, un niño pequeño. Siempre fue un niño pequeño, y me da rabia no haberlo cuidado, me da rabia que haya tantos niños a los que nunca se cuida y que por eso no pueden crecer. Pueden envejecer, pero no pueden crecer. Para eso hace falta amor. Si tienes suerte el amor vendrá más tarde. Y si tienes suerte no pegarás al amor en la cara.

Él dijo que no volvería a hacerlo. Yo me llevé a Lillian a comprar una nueva vajilla.

—Me gusta ese *beaker*… —me dijo.

Me gusta que llame a las tazas *beakers*. Es una bonita expresión coloquial, significa «algo donde metes tu pico».

—Es culpa de Connie —me dijo—. Tendrían que haberla encerrado por lo que os hizo a ti y a tu padre. Ya sabes que estaba loca, ¿verdad? Todo ese Jesús, y pasarse las noches en vela, y echarte de casa, y la pistola y los corsés y esos fragmentos de la maldita Biblia pegados por todas partes. Hice que los arrancara de las paredes, ya sabes. Él siempre te quiso, pero ella no le dejaba. Él nunca quiso que te marcharas.

—No luchó por mí, Lillian.

—Lo sé, lo sé, se lo he dicho… y esa horrible casa… y esa horrible porcelana Royal Albert.

Mi madre vino a menos al casarse. Venir a menos al casarse significaba que no había dinero ni perspectivas. Venir a menos al casarse significaba mostrar al resto de la calle que aunque las cosas no te iban mucho mejor, por lo menos eras mejor. Para ella, ser mejor significaba un armario vitrina.

Cada penique ahorrado iba a una caja de galletas en la que ponía ROYAL ALBERT, y cada nueva pieza de porcelana Royal Albert acababa en el armario vitrina.

La porcelana Royal Albert está cubierta de rosas y tiene remates dorados. No hace falta decir que solo la usábamos en navidades y en el cumpleaños de mi madre, que caía en enero. El resto del año estaba de exposición.

A todos nos entró la fiebre de Royal Albert. Yo ahorraba. Papá hacía horas extras, y lo hacíamos porque cada entrega de un plato o una salsera la acercaba tanto a la felicidad como era posible. La felicidad seguía estando al otro lado de una puerta de cristal, pero al menos ella podía verla a través del cristal, como un prisionero que recibe una visita de una persona muy querida y esperada.

Ella quería ser feliz, y creo que eso explica bastante por qué yo la exasperaba tanto. Yo no podía vivir en el cubo de la basura cósmica con la tapa puesta. Mientras su canción de coro favorita era «Dios ha acabado con ellos», la mía era «Arriba ese ánimo, santos de Dios».

Todavía la canto, y se la he enseñado a todos mis amigos y a mis ahijados, es realmente ridícula y, creo, bastante maravillosa. He aquí la letra completa:

Arriba ese ánimo, santos de Dios,
no hay nada de lo que preocuparse;
nada que os haga sentir miedo,
nada que os haga dudar;
recordad que Jesús os salva;
así que, por qué no confiar en Él y gritar,
te lamentarás de haberte preocupado, mañana por la mañana.

Así que ahí estaba mi madre al piano cantando «Dios ha acabado con ellos», y ahí estaba yo en la carbonera cantando «Arriba ese ánimo, santos de Dios».

El problema de la adopción es que nunca sabes lo que te va a tocar.

Nuestra vida en casa era un poco extraña.

No fui al colegio hasta los cinco años porque vivíamos en casa del abuelo y cuidábamos de la abuela. Era muy difícil añadir el colegio.

En los días de la abuela moribunda solía trepar a su alta cama en el salón con vistas al rosal del jardín. Era una habitación encantadora y luminosa, y yo siempre era la primera persona que se despertaba.

De ese modo que tienen los niños pequeños y los ancianos de llevarse tan bien, me encantaba ir a la cocina, subirme a un taburete y hacer unos precarios bocadillos de mermelada y queso cremoso. Era lo único que podía comer mi abuela, debido a su cáncer de garganta. Me gustaban, pero me gustaba todo lo que era comida, y además, a esas horas no había ninguno de los Muertos rondando por la cocina. O igual era solo mi madre la que podía verlos.

Cuando los bocadillos estaban listos los llevaba a la enorme cama alta —yo tendría unos cuatro años, creo—, despertaba a la abuela y nos los comíamos, nos pringábamos de mermelada y leíamos. Ella me leía cosas y yo le leía cosas. Se me daba bien leer, —por fuerza cuando has empezado con la Biblia...—, pero las palabras me gustaron desde el principio.

Ella me compró toda la colección de *Orlando el gato de mermelada* de Kathleen Hale. Era tan naranja y tan gallardo.

Aquellos días fueron buenos. Un día la madre de mi padre vino de visita y me la presentaron como «tu abuela».

«Ya tengo una abuela —dije—. No quiero otra.»

Aquello le dolió, y a mi padre también, y fue una demostración más de mi naturaleza diabólica. Pero a nadie se le ocurrió pensar que en mi lógica infantil dos madres habían significado que la primera se fuera para siempre. ¿Por qué no iba a significar lo mismo con dos abuelas?

La pérdida me daba mucho miedo.

Cuando la abuela murió fui yo quien la encontró. No sabía que estaba muerta. Solo sabía que no estaba leyendo el cuento ni comiendo los bocadillos de mermelada y queso cremoso.

Entonces hicimos las maletas y nos marchamos de casa del abuelo con los tres jardines y el empinado bosque detrás.

Regresamos a Water Street, a la dos arriba, dos abajo.

Entonces comenzó la depresión de mi madre, creo.

Durante los dieciséis años que viví en casa, mi padre estaba haciendo su turno en la fábrica, o estaba en la iglesia. Esa era su rutina.

Mi madre estaba despierta toda la noche y deprimida todo el día. Esa era su rutina.

Yo estaba en el colegio, en la iglesia, por ahí fuera en las colinas, o leyendo en secreto. Esa era mi rutina.

Aprendí pronto el secretismo. A ocultar mi corazón. A esconder mis pensamientos. Desde que se decidió que yo era la Cuna Equivocada, todo lo que yo hacía reforzaba en mi madre esa creencia. Ella me observaba buscando signos de posesión.

Cuando me quedé sorda, ella no me llevó al médico porque sabía que o era Jesús taponándome los oídos a las cosas del mundo en un intento de enderezar mi desviada alma, o bien era Satanás susurrándome tan alto que me había perforado los tímpanos.

Fue muy malo para mí que mi sordera apareciera más o menos al mismo tiempo que descubría mi clítoris.

La señora W estaba chapada a la antigua. Sabía que la masturbación te volvía ciega, así que no resultaba muy difícil extraer la conclusión de que también podía volverte sorda.

Pensé que aquello era injusto porque conocíamos a mucha gente que tenía audífonos y gafas.

En la biblioteca pública había una sección entera de libros con letra grande. Me fijé en que quedaba justo al lado de las cabinas individuales de estudio. Es de suponer que una cosa conducía a la otra.

De cualquier manera, me tuvieron que extirpar las vegetaciones, así que no eran ni Jesús ni Satanás quienes habían taponado mis oídos, lo que dejó como única culpable a mi propia naturaleza.

Cuando mi madre me llevó al hospital y me dejó en la alta cama del pabellón infantil, salté las barreras protectoras al instante y corrí tras ella.

Ella estaba delante de mí con su abrigo de poliéster, alta, imponente, solitaria, y todavía puedo sentir el reluciente linóleo resbalando bajo mis pies desnudos.

Pánico. Puedo sentirlo ahora. Debí de pensar que me había devuelto para que me adoptaran otra vez.

Recuerdo aquella tarde en el hospital, que me pusieron la anestesia y comencé a inventarme una historia sobre un conejito que no tenía pelo. Su madre le daba un abrigo con joyas para vestirse pero una comadreja se lo robaba y era invierno…

Supongo que terminaré esa historia algún día…

Me costó bastante darme cuenta de que existen dos tipos de escritura; la que tú escribes y la que te escribe a ti. La que te escribe a ti es peligrosa. Vas a donde no querías ir. Miras donde no querías mirar.

Después del episodio del conejo y las vegetaciones me enviaron al colegio con un año de retraso. Esto era motivo de preocupación porque mi madre lo llamaba el Caldo de Cultivo, y cuando le pregunté qué era exactamente un Caldo de Cultivo, me dijo que era como sería el fregadero si no le echara lejía.

Me dijo que no me mezclara con los demás niños, que presuntamente habían sobrevivido a la lejía; de cualquier modo, estaban todos muy pálidos.

Podía leer, escribir y sumar, y eso fue todo lo que sucedió en el colegio. A pesar de mis capacidades me ponían malas notas del mismo modo que a los niños malos les ponen malas notas. Había aceptado la etiqueta de «mala». Era mejor tener una identidad que no tener ninguna.

Casi todo el tiempo pintaba dibujos del infierno que llevaba a casa para que mi madre los admirara. Hay una técnica muy interesante para el infierno: se colorea un folio con los brillantes colores del arcoíris en bloques y luego se coge una cera de color negro y se tachan todos los colores. Luego se coge un alfiler y se rasca el papel. Allí donde el negro salte aparecerán los colores. Dramático y eficaz. Sobre todo para las almas perdidas.

Cuando dejé la escuela de manera deshonrosa por haber quemado la cocina de juguete, la directora, que vestía cheviot negro porque estaba de luto por Escocia, le dijo a mi madre que yo era dominante y agresiva.

Y lo era. Pegaba a los otros niños, chicos y chicas por igual, y cuando no entendía la lección que estaban explicando, abandonaba el aula y mordía a los profesores si intentaban hacerme regresar.

Me doy cuenta de que mi comportamiento no era el ideal pero mi madre creía que estaba poseída por el demonio y la directora guardaba luto por Escocia. Era difícil ser normal.

Me levantaba sola para ir a la escuela todos los días. Mi madre me dejaba un tazón de cereales y la leche en un termo. No teníamos frigorífico y la mayor parte del año no lo necesitábamos: la casa era fría, el norte era frío, y cuando comprábamos comida nos la comíamos.

La señora Winterson tenía espantosas historias sobre frigoríficos: desprendían gas y te mareaban, los ratones se quedaban atrapados en el motor, los ratones muertos atrapados en el motor atraían a las ratas…, los niños se quedaban encerrados dentro y no podían salir. Conocía a una familia cuyo hijo pequeño se subió al frigorífico para jugar al escondite, y murió congelado. Tuvieron que descongelar el frigorífico para arrancarlo. Después de aquello los servicios sociales se llevaron a los otros hijos. Yo me preguntaba por qué no se habían llevado el frigorífico sin más.

Todas las mañanas, cuando bajaba las escaleras atizaba el fuego para que no se apagara y leía la nota —siempre había una nota—. La nota empezaba con un recordatorio general sobre el lavado: MANOS, CARA, CUELLO Y OREJAS, y una exhortación sacada de la Biblia, como «Buscad al Señor» o «Velad y Orad».

La exhortación era distinta cada día. Las partes del cuerpo a lavar eran las mismas.

Cuando tenía siete años compramos un perro y mi labor antes de ir al colegio era pasear al perro y darle de comer. Entonces, la lista cambió a LAVARSE, PASEAR, DAR DE COMER, LEER.

Durante los primeros años, a la hora de comer, como se llamaba a la hora del almuerzo en el norte, volvía a casa porque la escuela primaria quedaba a la vuelta de la esquina. Para entonces, mi madre ya estaba levantada y activa, y comíamos empanada y guisantes, y leíamos la Biblia.

Más tarde, cuando empecé la secundaria que estaba más lejos, no me daba tiempo a volver a casa a mediodía, así que me quedaba sin comer. Mi madre se opuso a que nos hicieran una prueba de recursos económicos, así que no me concedieron una beca de comedor, pero tampoco teníamos dinero para comprar comida. Llevaba en la mochila un par de rebanadas de pan blanco y un trocito de queso, nada más.

A nadie le parecía extraño, y no lo era. Había muchos niños que no se alimentaban bien.

Nos alimentábamos bien por las noches porque teníamos un huerto y las hortalizas eran buenas. Me gustaba plantar hortalizas; todavía lo hago, y me proporciona una placentera calma. Teníamos gallinas, así que disponíamos de huevos, pero como solo podíamos permitirnos carne un par de veces por semana, no tomábamos suficientes proteínas.

Los jueves por la noche siempre había cebollas cocidas o patatas del huerto cocidas. Papá cobraba la paga los viernes y los jueves ya no quedaba dinero. En invierno también se agotaba el dinero de los contadores de gas y electricidad los jueves, por eso las cebollas y las patatas no estaban bien cocidas y nos las comíamos en la oscuridad de la lámpara de parafina.

En nuestra calle todo el mundo estaba igual. El apagón de los jueves era algo común.

No teníamos coche, ni teléfono, ni calefacción central. En invierno las ventanas se congelaban por dentro.

Solíamos pasar frío, pero no recuerdo que eso me molestara. Mi padre no había tenido calcetines de pequeño, así que nuestros pies al menos, si no el resto de nosotros, habían progresado.

Teníamos una chimenea de carbón que aprendí a preparar y

encender a los cinco años, en cuanto dejamos la casa del abuelo con calefacción central y volvimos a nuestra hilera de casas húmedas y azotadas por los vientos. Mi padre me enseñó a hacer un fuego y yo estaba muy orgullosa de mí misma y de mis dedos quemados y mi pelo chamuscado.

Mi tarea era hacer cucuruchos de papel, untarlos de parafina y guardarlos en una lata de galletas con cierre hermético. Papá recogía madera y la astillaba. Cuando venía, el carbonero le regalaba a mi madre bolsas de una cosa que llamaban cisco, porque en el pasado había querido casarse con ella. Ella lo veía como un insulto a su carácter moral, pero se quedaba con el cisco.

Cuando mi madre se acostaba —a eso de las seis de la mañana—, esparcía el fino polvo del cisco sobre el fuego para mantenerlo bajo y caliente, y dejaba carbón para que yo volviera a avivarlo a las siete y media de la mañana. Ella se pasaba toda la noche sentada escuchando emisiones clandestinas del Evangelio para la Rusia Soviética tras el telón de acero. Cocinaba, cosía, tejía, hacía remiendos y leía la Biblia.

Era una mujer muy solitaria. Una mujer solitaria que anhelaba que una persona la conociera. Creo que ahora la conozco, pero es demasiado tarde.

¿Lo es?

Freud, uno de los grandes maestros de la narrativa, sabía que el pasado no es algo fijo como sugiere el tiempo lineal. Podemos volver atrás. Podemos recoger lo que se nos cayó. Podemos arreglar lo que otros rompieron. Podemos hablar con los muertos.

La señora Winterson dejó tras de sí cosas que no podía hacer.

Una de esas cosas era crear un hogar.

El filósofo rumano Mircea Eliade habla del hogar —el hogar ontológico y también el geográfico—, y en una frase encantadora llama al hogar «el corazón de lo real».

El hogar, nos dice, es la intersección de dos líneas, la vertical y la horizontal. El plano vertical tiene cielo, o el mundo superior, en un extremo, y el mundo de los muertos en el otro extremo. El plano horizontal es el tráfico de este mundo, moviéndose de un lado a otro, nuestro propio tráfico y el de los numerosos otros.

El hogar es un lugar de orden. Un lugar donde el orden de las cosas se une —los vivos y los muertos—, los espíritus de los ancestros y los habitantes presentes, y la reunión y el descanso de tanto trasiego.

Abandonar el hogar solo puede suceder porque hay un hogar que abandonar. El acto de abandonarlo nunca es una mera separación geográfica o espacial; es una separación emocional, deseada o no. Firme o contradictoria.

Para el refugiado, para el sin techo, la ausencia de esta coordenada fundamental para ubicar el yo tiene unas consecuencias muy graves. En el mejor de los casos, se puede controlar, compensar en cierto modo; en el peor de los casos, una persona desubicada no sabe adónde ir, literalmente, porque no hay un norte real. La brújula no tiene aguja. El hogar es mucho más que un refugio; el hogar es nuestro centro de gravedad.

Un pueblo nómada aprende a llevarse sus hogares consigo, y los objetos familiares se despliegan o se reconstruyen de lugar en lugar. Cuando nos mudamos de casa, nos llevamos con nosotros el concepto invisible de hogar, que es un concepto muy poderoso. La salud mental y la estabilidad emocional no requieren que permanezcamos en la misma casa o en el mismo lugar, pero requieren una sólida estructura en el interior, y esa estructura se construye en parte con lo que sucede en el exterior. El interior y el exterior de nuestras vidas son el caparazón en el que aprendemos a vivir.

El hogar fue algo problemático para mí. No representaba el orden y no me ofrecía seguridad. Me marché de casa a los dieciséis y a partir entonces estuve mudándome hasta que finalmente, casi por casualidad, encontré y conservo dos hogares, ambos modestos: uno en Londres y otro en el campo. Nunca he vivido con nadie en ninguno de esos dos hogares.

No me siento muy feliz por eso, pero cuando he vivido con alguien, y lo hice durante trece años, solo podía soportarlo teniendo un montón de espacio privado. No soy desordenada, soy organizada y cocino y limpio de buena gana, pero otra presencia es algo duro para mí. Ojalá no fuera así, porque realmente me gustaría vivir con alguien a quien amo.

Solo es que no creo que sepa cómo hacerlo.

Por eso es mejor aceptar mi poco amoldable necesidad de distancia y privacidad.

La señora Winterson nunca respetó mi privacidad. Revolvía mis cosas, leía mis diarios, mis cuadernos, mis historias, mis cartas. Nunca me sentí segura en la casa y cuando ella me obligó a abandonarla me sentí traicionada. Aquella sensación horrible y enfermiza de que nunca pertenecí a ningún sitio y nunca lo haría, mitigada ahora por el hecho de que mis casas son mías y puedo entrar y salir como me venga en gana.

Nunca tuve llave de la casa de Water Street, por eso entrar dependía de que me lo permitieran, o no. No sé por qué todavía tengo tanto cariño a las escaleras, parece perverso, teniendo en cuenta que pasé mucho tiempo sentada en ellas, pero las dos partes de la casa que más me importaban en Accrington son las partes de las que menos podría prescindir ahora.

Son el umbral de la puerta y la chimenea.

Mis amigos se burlan porque no cierro la puerta hasta que es oficialmente la hora de dormir o la nieve entra en la cocina. Lo primero que hago al levantarme por las mañanas es abrir la puerta de atrás. Lo siguiente que hago, en invierno, es encender la chimenea.

Todas esas horas que pasé sobre mis posaderas en el peldaño de la entrada me han dejado un gusto por los espacios liminares. Me encanta el modo en que a los gatos les gusta estar medio dentro, medio fuera, lo salvaje y lo domesticado; yo también soy lo salvaje y lo domesticado. Soy doméstica, pero solo si la puerta está abierta.

Y supongo que esa es la clave: nadie va a volver a encerrarme o a dejarme fuera. Mi puerta está abierta y yo soy quien la abre.

El umbral y la chimenea son espacios míticos. Ambos tienen aspectos sagrados y ceremoniales en la historia de nuestro mito. Cruzar el umbral es entrar en otro mundo —el del interior o el del exterior— y nunca podemos estar realmente seguros de lo que hay al otro lado de la puerta hasta que la abrimos.

Todo el mundo ha soñado alguna vez con puertas familiares y habitaciones desconocidas. A Narnia se llega cruzando una puerta en un armario. En *Barba Azul* hay una puerta que no se debe abrir. Un vampiro no puede cruzar un umbral protegido con ajos. Abre la puerta de la pequeña Tardis y dentro hay un espacio enorme y cambiante.

La tradición de entrar en la nueva casa con la novia en brazos es un rito de paso; se deja atrás un mundo, se entra en otro. Cuando abandonamos el hogar paterno, incluso hoy en día, hacemos algo más que salir de casa con una maleta.

La puerta de nuestra casa puede ser una cosa maravillosa, o una visión aterradora; pero raras veces es solo una puerta.

El cruzar hacia dentro y hacia fuera, los distintos mundos, los espacios significativos, son coordenadas privadas que en mi ficción he intentando convertir en paradigmáticas.

Las historias personales funcionan para los demás cuando esas historias se convierten en paradigmas y parábolas. La intensidad de una historia —por ejemplo, la historia de *Las naranjas…*— se libera en un ámbito mayor del que una vez ocupó en el tiempo y en el espacio. La historia cruza el umbral desde mi mundo al vuestro. Nos encontramos en los peldaños de la historia.

Los libros, para mí, son un hogar. Los libros no hacen un hogar, son un hogar, en el sentido de que hacemos como con una puerta, abrimos un libro y entramos. En su interior hay un espacio diferente y un tiempo diferente.

También hay un calor: una chimenea. Me siento con un libro y tengo calor. Lo sé desde las gélidas noches en el peldaño de casa.

La señora Winterson vivió en la misma casa de Water Street desde 1947 hasta su muerte en 1990. ¿Era un santuario? No lo creo. ¿Era el lugar en el que ella quería estar? No…

Ella odiaba lo pequeño y lo miserable, pero era todo lo que

tenía. Me he comprado algunas casas grandes con el paso del tiempo, simplemente porque intentaba demostrarle algo. En realidad, mis gustos son más modestos, pero no te das cuenta de ello hasta que has comprado y vendido por el fantasma de tu madre.

«Como la mayoría de las personas, viví mucho tiempo con mi madre y con mi padre...», así empieza *Las naranjas no son la única fruta*, que termina con la joven, llamémosla Jeanette, volviendo a casa para descubrir que las cosas son casi iguales: un órgano eléctrico nuevo para añadir unos bajos y percusión a los villancicos navideños, pero aparte de eso, la vida sigue igual. La gigantesca figura de la madre encorvada dentro de la diminuta casa llenándola de porcelana Royal Albert y cacharros eléctricos, apuntando las cuentas de la iglesia en un libro de contabilidad, fumando por la noche bajo una nube de insecticida, ocultando los cigarrillos en una caja en la que pone: GOMAS ELÁSTICAS.

Como la mayoría de las personas, cuando miro atrás, la casa familiar está detenida en el tiempo, o mejor sería decir que ya está fuera del tiempo, porque existe con tanta claridad y no cambia, y solo se puede entrar en ella por una puerta en la mente.

Me gusta que las sociedades preindustriales, y las culturas religiosas, todavía hoy en día distingan entre dos clases de tiempo: el lineal, que también es cíclico porque la historia se repite, aunque parezca que avanza, y el real, que no está sujeto al reloj o al calendario, y es donde habitaba el alma. Este tiempo real es reversible y redimible. Por eso, en cualquier tipo de rito religioso, algo que sucedió una vez se reconstruye: la Pascua, la Navidad, Semana Santa o, en las culturas paganas, el solsticio de verano y la muerte del dios. Con nuestra participación en el rito, salimos del tiempo lineal y entramos en el tiempo real.

El tiempo solo se cierra de verdad cuando vivimos en un mundo mecanizado. Entonces, nos convertimos en seres dependientes del reloj y esclavos del tiempo. Como el resto de la vida, el tiempo se convierte en uniforme y estandarizado.

Cuando, a los dieciséis, me marché de casa compré una pequeña alfombra. Era mi mundo enrollado.

En cualquier habitación, cualquier lugar de paso en el que estuviese, desenrollaba la alfombra. Era un mapa de mi ser. Invisibles para los demás pero guardados en la alfombra estaban todos los lugares en los que me había quedado —durante unas semanas, durante unos meses—. En mi primera noche en un sitio nuevo, me gustaba tumbarme en la cama y contemplar la alfombra para recordarme que tenía lo que necesitaba aunque lo que tuviera fuera tan poco.

A veces tienes que vivir en sitios precarios y temporales. Sitios poco idóneos. Sitios equivocados. A veces el sitio seguro no te ayuda.

¿Por qué me marché de casa a los dieciséis? Fue una de esas decisiones importantes que cambiarían el resto de mi vida. Cuando miro atrás, me parece que estaba rozando los límites del sentido común y que lo más inteligente habría sido guardar silencio, seguir aguantando, aprender a mentir mejor y marcharme más adelante.

Me he dado cuenta de que hacer lo más inteligente solo es una buena idea cuando se trata de decisiones pequeñas. Para las cosas que te cambian la vida, hay que arriesgarse.

Y ahí está lo sorprendente: cuando te arriesgas, cuando haces lo correcto, cuando llegas a los límites del sentido común y cruzas a territorio desconocido, dejando atrás todos los olores y luces familiares, no experimentas una gran alegría ni una enorme energía.

No eres feliz. Las cosas empeoran.

Es un tiempo de lamentos. Pérdida. Miedo. Nos acribillamos a preguntas. Y luego nos sentimos tiroteados y heridos.

Entonces aparecen todos los cobardes y dicen: «¿Ves?, ya te lo dije».

En realidad, no te dijeron nada.

6

Iglesia

«Eso no es una iglesia, eso son dos casas adosadas unidas.» La Iglesia pentecostal de Elim, en Blackburn Road, Accrington, fue el centro de mi vida durante dieciséis años. No tenía bancos, ni altar, ni nave, ni presbiterio, ni vidrieras, ni velas, ni órgano.

Tenía sillas plegables de madera, un púlpito bajo y alargado —más parecido a un estrado que a la tradicional caja sobre pilares—, un piano de bar y un foso.

El foso se podía llenar con agua para nuestros bautizos. Al igual que Jesús había bautizado a sus discípulos en el río Jordán, también nosotros creyentes nos sumergíamos por completo en una piscina profunda y templada que había que calentar lentamente la víspera de la ceremonia.

A los candidatos al bautismo se les entregaba una cajita para sus dentaduras y sus gafas. En un principio era solo para las gafas, hasta que la señora Smalley abrió la boca bajo el agua para alabar al Señor y perdió su dentadura superior. El pastor no sabía nadar, así que un miembro del rebaño tuvo que bucear para sacarla; todos cantamos «Os convertiré en pescadores de hombres» para animarlo, pero sentimos que perder una dentadura era una desgracia y que perder dos parecería negligencia. Por eso el bautismo se realizaba sin dentaduras postizas, si las usabas, y la mayoría de la gente las usaba.

Hubo un encarnizado debate sobre la conveniencia de enterrar/incinerar con o sin dentadura.

Como la mayoría de los grupos evangélicos, Elim creía en la resurrección del cuerpo tras la Última Trompeta; la señora Winterson no, pero se callaba. La cuestión era, si te habían quitado los dientes, y eso estuvo muy de moda hasta los años sesenta, ¿te los devolverían cuando sonara la Última Trompeta? Y si era así, ¿la dentadura postiza estaría disponible? Y si no era así, ¿tendrías que pasarte la eternidad sin dientes?

Algunos decían que no importaba porque nadie comía en el otro mundo; otros decían que importaba mucho porque queríamos estar lo más guapos posible para Jesús...

Y así seguía...

La señora Winterson no quería que su cuerpo resucitara porque nunca jamás lo amó, ni siquiera durante un solo minuto de un solo día. Pero aunque ella creía en el Fin de los Tiempos, sentía que la resurrección de la carne era algo poco científico. Cuando se lo pregunté me dijo que había visto los noticiarios de Pathé sobre Hiroshima y Nagasaki, y que lo sabía todo sobre Robert Oppenheimer y el Proyecto Manhattan. Había vivido la guerra. Su hermano había servido en la aviación, mi padre estuvo en el ejército; era su vida, no su historia. Decía que tras la bomba atómica ya no podías creer en la masa, todo se basaba en la energía. «Esta vida es todo masa. Cuando nos vamos, seremos todo energía, eso es todo.»

He pensado sobre esto un montón a lo largo de los años. Ella había comprendido algo infinitamente complejo y totalmente simple. Para ella, en el Libro de la Revelación, las «cosas del mundo» que se acabarían, «cielo y tierra enroscándose como un pergamino», eran pruebas del inevitable movimiento de masa a energía. Su tío, el amado hermano de su amada madre, había sido científico. Ella era una mujer inteligente, y en algún lugar en medio de la malsana teología y la brutal política, la extravagante depresión y el rechazo a los libros, al conocimiento, a la vida, había visto cómo explotaba la bomba atómica y se dio cuenta de que la verdadera naturaleza del mundo es la energía y no la masa.

Pero nunca comprendió que la energía podía haber sido su propia naturaleza verdadera mientras estaba viva. No necesitaba quedarse atrapada en la masa.

Los candidatos al bautismo vestían una sábana blanca, con timidez o con elegancia, y el pastor les hacía esta sencilla pregunta: «¿Aceptas a Nuestro Señor Jesucristo como tu salvador?».

La respuesta era: «Sí, acepto». En este punto el candidato entraba en el agua y, sujetado por ambos costados por dos hombres fuertes, se sumergía por completo, muriendo a la vieja vida, emergiendo al nuevo día. Una vez en tierra firme y calado hasta los huesos, le devolvían la dentadura y las gafas y lo mandaban a secarse a la cocina.

Las ceremonias de bautismo eran muy populares y siempre iban seguidas de una cena de pastel de boniato y frutas.

La Iglesia de Elim no bautizaba a niños. El bautismo es para los adultos, o para aquellos que se acercan a la edad adulta —yo tenía trece años—. Nadie se podía bautizar en Elim si no había entregado su vida a Jesús y comprendía lo que eso significaba. El mandato de Cristo de que sus seguidores tenían que nacer dos veces, el nacimiento natural y el nacimiento espiritual, era una forma de continuar las ceremonias de iniciación religiosas, tanto paganas como tribales. Tiene que haber un rito de paso, y que sea consciente, entre la vida que nos conceden el azar y las circunstancias y la vida que elegimos.

Hay unas ventajas psicológicas en escoger una vida y un modo de vida conscientemente, y no solo aceptar la vida como un don animal que se vive de acuerdo con el capricho de la naturaleza y el azar. El «segundo nacimiento» protege a la psique al fomentar tanto la reflexión sobre uno mismo como el significado.

Sé que todo el proceso se convierte muy fácilmente en otra forma de aprendizaje memorístico en el que no se elige nada y se prefiere cualquier respuesta, por muy ridícula que sea, a un cuestionamiento sincero. Pero el principio sigue siendo bueno. He visto a un montón de hombres y mujeres de clase obrera —yo incluida— viviendo una vida más profunda y reflexiva que la que hubiera sido posible sin la iglesia. No se trataba de gente con educación; el estudio de la Biblia activaba sus cerebros. Se reunían tras el trabajo en acaloradas discusiones. La sensación de pertenecer a algo grande, algo importante, proporcionaba unidad y sentido.

Una vida sin sentido para un ser humano no tiene la dignidad de la irracionalidad animal; no podemos limitarnos a comer, dormir, cazar y reproducirnos: somos criaturas en búsqueda de un sentido. El mundo occidental ha acabado con la religión pero no con nuestros impulsos religiosos; parece que necesitamos un propósito superior, un objetivo en nuestras vidas; el dinero y el ocio, al ascenso social, no son suficientes.

Tendremos que encontrar nuevas formas de encontrar un sentido, y no está claro cómo se conseguirá.

Pero para los miembros de la Iglesia pentecostal de Elim, en Accrington, la vida estaba llena de milagros, señales, maravillas y efectos prácticos.

Así fue como comenzó el movimiento en 1915, en Monaghan, Irlanda, aunque el fundador, George Jeffreys, era galés. El nombre de Elim viene del Éxodo 15:27. Moisés avanza pesadamente por el desierto con los israelitas y todos se sienten desgraciados y agotados y buscan una señal de Dios, cuando de repente, «llegaron a Elim, donde había doce fuentes de agua, y setenta palmeras; y acamparon allí junto a las aguas».

Si una gallina no pone, reza por ella y seguro que pronto tendrás un huevo. En nuestras misas de Semana Santa siempre se bendecía a las gallinas, y mucha gente las criaba; las nuestras estaban en el huerto, pero la mayoría estaban en los patios traseros. La visita de un zorro no tardaba en convertirse en una parábola acerca de los métodos rastreros de Satanás. Una gallina que no ponía huevos por mucho que rezaras por ella era como un alma que se apartaba de Jesús: orgullosa e improductiva.

Si tendías la colada y se echaba a llover, convocabas a unos pocos fieles para rezar por un buen viento seco. Como nadie tenía teléfono, solíamos pasar por las casas de los demás para pedir ayuda. Pero no la señora Winterson, ella rezaba sola, y rezaba de pie, más como un profeta del Antiguo Testamento que como una pecadora arrodillada.

Su sufrimiento era su armadura. Poco a poco, se convirtió en su piel. Entonces ya no pudo quitársela. Murió sin calmantes y con dolor.

Para el resto de nosotros, para mí, la certidumbre de un Dios cercano daba sentido a tanta incertidumbre. No teníamos cuentas en el banco, ni teléfonos, ni coches, ni cuartos de baño dentro de casa, a veces ni alfombras, ni un trabajo fijo y muy poco dinero. La iglesia era un lugar de ayuda mutua y de posibilidades imaginativas. No conozco a nadie, yo incluida, que se sintiera atrapado o desesperado. ¿Qué importaba si solo teníamos un par de zapatos y no había comida los jueves por la noche, víspera del día de paga? «Buscad primero el reino de Dios y todas esas cosas se os darán por añadidura...»

Buen consejo: si el reino de Dios es el lugar de verdadero valor, el lugar no condicionado por los datos del día a día, si es lo que amas por sí mismo...

En un mundo que se ha vuelto interesado y utilitario, el símbolo del reino de Dios —y es un símbolo, no un lugar— se alza como el desafío del amor frente a la arrogancia del poder y los engaños de la riqueza.

Lunes noche – Hermandad femenina
Martes noche – Estudio de la Biblia
Miércoles noche – Encuentro de oración
Jueves noche – Hermandad masculina / Black and Decker
Viernes noche – Grupo juvenil
Sábado noche – Encuentro de reactivación (fuera)
Domingo – Todo el día.

Las noches de Black and Decker de los hermanos eran reuniones prácticas para reparar el edificio de la iglesia o para ayudar a alguno de los hermanos en su casa. Los encuentros de reactivación de los sábados por la noche eran el plato fuerte de la semana, porque normalmente suponían un viaje a otra iglesia, o, en verano, hacer una acampada-cruzada.

Nuestra iglesia tenía una gran carpa y todos los veranos íbamos de aquí para allá con la Cruzada de la Gloria. Mi madre y mi padre rehicieron su matrimonio en una carpa de una Cruzada de la Gloria, en un solar bajo el viaducto de Accrington.

A mi madre le encantaban las Cruzadas de la Gloria. Me parece que no creía en la mitad de lo que se supone que tenía que creer, y que se inventaba una buena parte de teología. Pero creo que aquella noche en la carpa de una cruzada, en que ella y papá encontraron al Señor, evitó que mi madre se marchara de casa con una pequeña maleta para no volver.

Por eso, cada año, cuando la señora Winterson veía la carpa en el descampado y escuchaba el organillo tocando «Quédate conmigo», me cogía de la mano y me decía: «Puedo oler a Jesús».

El olor de la lona (en el norte siempre llueve en verano), el olor de la sopa cocinándose para más tarde, el olor del papel húmedo con los salmos impresos: a eso huele Jesús.

Si quieres salvar almas —¿quién no querría?—, una carpa parece ser la mejor estructura temporal. Es una metáfora de esta vida provisional nuestra, sin cimientos y propensa a desmoronarse. Es un idilio con los elementos. El viento sopla, la tienda se infla, ¿quién se siente perdido y solo aquí? Respuesta: todos nosotros. El organillo toca «Qué amigo hemos encontrado en Jesús».

En una carpa sientes simpatía por los demás, aunque no los conozcas. El hecho de estar juntos en una carpa es una especie de vínculo y cuando ves rostros sonrientes y cuando aspiras el aroma de la sopa, y la persona a tu lado te pregunta cómo te llamas, entonces con toda seguridad desearás ser salvado. El olor de Jesús es bueno.

La carpa era como había sido la guerra para toda la gente de la edad de mis padres. No era la vida real sino un tiempo en el que no se aplicaban las reglas ordinarias. Podías olvidarte de las facturas y el trabajo. Tenías un objetivo común.

Puedo verlos: papá con su chaqueta de punto y su corbata también de punto en pie junto a la entrada estrechando la mano de la gente que iba entrando; madre, en medio del pasillo de la carpa, ayudando a la gente a encontrar asiento.

Y ahí estoy yo, repartiendo octavillas con los salmos o dirigiendo los coros —en las iglesias evangélicas se cantan muchos coros—, versos cortos, concisos y alegres, con melodías entusiastas, fáciles de aprender. Como «Arriba ese ánimo, santos de Dios».

Es difícil comprender las contradicciones hasta que las has vivido; la camaradería, la sencilla felicidad, la amabilidad, el compartir, el placer de tener algo que hacer cada tarde en una ciudad donde no había nada que hacer; luego contrasta eso con la crueldad del dogma, la deprimente rigidez del nada de alcohol, nada de tabaco, nada de sexo (o, si estabas casada, el menos sexo posible), nada de ir al cine (con una excepción para ver a Charlton Heston haciendo de Moisés en *Los diez mandamientos*), nada de leer excepto la literatura piadosa, nada de ropa de moda (como si pudiéramos permitírnosla), nada de bailar (a no ser que fuera en la iglesia al ritmo de una giga irlandesa de éxtasis divino), nada de música pop, nada de juegos de cartas, nada de pubs, ni siquiera para tomar un zumo de naranja. La televisión estaba permitida pero no los domingos. Los domingos tenías que cubrirla con una tela.

Pero me lo pasaba bien en las vacaciones cuando se ponían en marcha las Cruzadas de la Gloria y podías montar en la bici y recorrer treinta o cuarenta millas hasta el lugar donde se levantaba la carpa y alguien te daba una salchicha o una empanada, y luego llegaba la hora de las reuniones, y horas más tarde todos los que habían hecho el viaje se metían en sus sacos de dormir y dormían en el suelo. Después volvíamos a casa en bicicleta.

La señora Winterson iba sola en autobús para poder fumar.

Un día se llevó con ella a la tía Nellie. Las dos fumaban pero tenían un pacto para no contárselo a nadie. La tía Nellie había sido metodista, pero cambió de opinión. Todo el mundo le llamaba tía Nellie aunque no tenía familia biológica. Creo que ya nació con el nombre de tía Nellie.

Vivía en una barriada obrera de casuchas de piedra una habitación arriba, una abajo. Compartía el retrete exterior con otras dos viviendas. Estaba muy limpio —se suponía que los retretes exteriores tenían que estar muy limpios— y este tenía un retrato de una joven Isabel II en uniforme militar. Alguien había garabateado DIOS LA BENDIGA en la pared.

La tía Nellie compartía el retrete pero disponía de su propio grifo exterior que le proporcionaba agua fría y en la casa tenía una cocinilla de carbón con una enorme tetera metálica y una pesada plancha de hierro. Suponíamos que la usaba para planchar su ropa y por la noche la ponía en la cama para calentarla.

Estaba soltera, era patizamba, de pelo crespo, delgada como los que nunca tienen suficiente para comer, y nunca se la vio sin el abrigo puesto.

Cuando las mujeres vinieron a amortajarla tuvieron que soltar los botones de su abrigo para quitárselo y dijeron que parecía de chapa metálica más que tweed. Entonces nos enteramos de que llevaba ropa interior de lana, incluido un corpiño sin mangas, medias de lana y una especie de enaguas hechas con retales; creo que se dedicó a coser trocitos de tela y a cortar trocitos de tela a lo largo de los años. Había una gruesa bufanda de seda alrededor de su cuello, invisible bajo el abrigo; una bufanda tan lujosa que provocó comentarios: ¿habría tenido algún amante?

De ser así, habría sido durante la guerra. Su amiga decía que todas las mujeres habían tenido un amante durante la guerra; casadas o no, así eran las cosas.

Sea como fuere, o como hubiera sido, ahora ella llevaba la bufanda, la ropa interior y el abrigo, y nada más. Ni vestido, ni falda, ni blusa.

Nos preguntamos si últimamente habría estado demasiado enferma para vestirse, aunque seguía yendo y viniendo de la iglesia y el mercado. Nadie sabía su edad.

Era la primera vez que una de nosotras subía al piso de arriba de su casa.

La pequeña habitación estaba desnuda; una ventanita cubierta con periódicos para preservar el calor. Una alfombra de retales sobre los tableros del suelo, una de esas que se hacen con trozos de algodón, que tienen un tacto rugoso y están tiradas en el suelo como perros deprimidos.

Había un somier de hierro cubierto por un grumoso edredón, de esos que una vez estuvieron rellenos con las plumas de un solo pato.

Había una silla con un sombrero polvoriento encima. Había un cubo para hacer las necesidades por las noches. Había una foto en la pared de la tía Nellie de jovencita, con un vestido de lunares blanco y negro.

Había un armario y en el armario había dos juegos limpios de ropa interior llena de remiendos y dos pares de gruesas medias de lana. Colgado y envuelto en papel marrón estaba el vestido de los lunares. Tenía sobaqueras cosidas en las axilas como se hacía antes de la aparición del desodorante. Simplemente lavabas las sobaqueras por la noche junto con las medias.

Buscamos y buscamos, pero no había dónde buscar. La tía Nellie no se quitaba el abrigo porque no tenía ropa.

Las mujeres la lavaron y le pusieron el vestido de lunares. Me enseñaron cómo acicalar un cadáver. No era mi primer cadáver; había estado comiendo sándwiches de mermelada junto a la abuela muerta y en el norte en los años sesenta los ataúdes permanecían abiertos durante tres días en casa y a nadie le importaba.

Pero tocar un cuerpo muerto era asqueroso, y todavía me parece asqueroso. La piel cambia muy rápido y todo se encoge. Aun así no dejaría que un extraño lavara y vistiera un cuerpo que amo. Es lo último que podemos hacer por alguien, y lo último que podemos hacer juntos: nuestros cuerpos, como antes. No, no es algo para un extraño…

La tía Nellie no debía de tener mucho dinero. Dos veces por semana reunía a todos los niños del barrio que podía amontonar en la única habitación de su casa y hacía sopa de cebolla o sopa de patatas y todos los niños traían su propia taza y ella las llenaba con un cucharón.

Les enseñaba canciones y les contaba historias de la Biblia, y treinta o cuarenta niños raquíticos y hambrientos hacían cola en la calle y a veces llevaban cosas que les daban sus madres —bollos o caramelos— y las compartían con los demás. Todos tenían piojos. Todos la querían, y ella los quería. Llamaba a su casita oscura, húmeda y fría, con una sola ventana y paredes negras, el «Rincón del sol».

Fue mi primera lección sobre el amor.

Necesitaba lecciones de amor. Todavía las necesito porque nada puede ser más sencillo y nada puede ser más complicado que el amor.

Un niño espera recibir un amor incondicional de un progenitor aunque raramente las cosas son así. Yo no lo tenía y era una niña muy nerviosa y precavida. También era un poco bruta porque nadie iba a pegarme ni verme llorar. En casa no podía relajarme, no podía desaparecer en un espacio arrullador donde poder estar sola en presencia de los demás. Entre los muertos que rondaban por la cocina, los ratones disfrazados de ectoplasma, los repentinos ataques de piano, el ocasional revólver, esa cadena montañosa implacable y refunfuñadora de mi madre, la temible hora de irse a dormir —si papá tenía turno de noche y ella se metía en la cama, eso suponía pasarse toda la noche con la luz encendida leyendo sobre el Fin de los Tiempos— y el Apocalipsis siempre a la vuelta de la esquina, bueno, mi hogar no era un sitio en el que te pudieras relajar.

La mayoría de los niños dejan algo para Papá Noel cuando baja por la chimenea en Navidad. Yo hacía regalos para los cuatro jinetes del Apocalipsis.

—¿Será esta noche, mamá?

—No preguntes por quién doblan las campanas.

La señora Winterson no poseía una personalidad reconfortante. Si pedías consuelo, nunca llegaba. Jamás le pregunté si me quería. Me quería aquellos días en los que era capaz de querer. Estoy convencida de que era lo máximo que podía hacer.

Cuando no puedes confiar en el amor y eres una niña, asumes que está en la naturaleza del amor —en su cualidad— no poder confiar en él. Los niños no encuentran defectos en sus padres hasta más adelante. Al principio el amor que recibes es el amor que cuenta.

No sabía que el amor pudiera tener continuidad. No sabía que se pudiera confiar en el amor humano. El dios de la señora Winterson era el Dios del Antiguo Testamento y podría ser que tomar como modelo a una deidad que exige amor incondicional a sus «niños» pero no tiene reparos en inundarlos (el Arca de Noé), en intentar matar a los que le enfurecen (Moisés) ni en permitir que Satán arruine la vida del más inocente de todos (Job), no sea bueno para el amor.

Es cierto que Dios se enmienda y mejora gracias a su relación con los seres humanos, pero la señora Winterson no era de las que gustan de interactuar; no le gustaban los seres humanos y nunca se enmendó ni mejoró. Siempre estaba maltratándome y luego hacía una tarta para arreglar las cosas, y muchas veces tras dejarme fuera, caminábamos hasta el puesto de *fish and chips* la noche siguiente y nos sentábamos en el banco de fuera a comer del cucurucho de papel de periódico mientras observábamos a la gente ir y venir.

Durante gran parte de mi vida me he comportado del mismo modo porque es lo que aprendí sobre el amor.

Si añadimos a eso mi carácter salvaje e intenso, el amor se convierte en algo bastante peligroso. Nunca he tomado drogas, sí he amado, de un modo loco y temerario, más dañino que curativo, más desgarrador que sano. Y he discutido y me he pegado, e intentaba arreglar las cosas al día siguiente. Y me marchaba sin una palabra y sin preocuparme.

El amor es intenso. Nunca me gustó la versión descolorida. El amor es máxima potencia. Nunca quise la versión descafeinada. Nunca me aparté con timidez ante la inmensidad del amor, pero no tenía ni idea de que el amor podía ser tan fiable como el sol. El amanecer diario del amor.

La tía Nellie convertía el amor en sopa. No buscaba el agradecimiento ni estaba «haciendo el bien». Los martes y los jueves alimentaba a todos los niños que encontraba, y si los cuatro jinetes del Apocalipsis hubieran derribado el retrete exterior y hubieran cabalgado sobre el suelo de piedra de su cocina, les habría dado sopa.

A veces pasaba por su casita pero nunca reflexioné sobre lo que ella hacía. Solo más tarde, mucho más tarde, al intentar reaprender el amor, empecé a pensar en aquella simple continuidad y en lo que significaba. Quizá, si hubiera tenido hijos habría llegado ahí más rápido, pero quizá habría herido a mis hijos del mismo modo que me hirieron a mí.

Nunca es demasiado tarde para aprender a amar.

Pero da miedo.

En la iglesia oíamos hablar del amor todos los días, y un día, tras la reunión de rezo, una chica mayor que yo me besó. Fue mi primer momento de reconocimiento y deseo. Tenía quince años.

Me enamoré, ¿qué otra cosa se puede hacer?

Éramos como cualquier par de críos de la edad y el estilo de Romeo y Julieta: embobados, quedando en secreto, pasándonos notitas en la escuela, hablando sobre cómo nos escaparíamos y abriríamos una librería. Empezamos a acostarnos en su casa, porque su madre trabajaba en el turno de noche. Más adelante, una noche vino a quedarse conmigo en Water Street, lo cual era muy extraño porque la señora Winterson odiaba las visitas.

Pero Helen vino para quedarse y por la noche compartimos la misma cama. Nos dormimos. Mi madre entró con su linterna. Recuerdo despertarme con la linterna en nuestros rostros, la linterna como los faros de un coche pasando de la cara de Helen a la mía, la linterna recorriendo la estrecha cama y saliendo por la ventana como una señal.

Era una señal. Era la señal del fin del mundo.

La señora Winterson era una amante de la escatología. Creía en el Fin de los Tiempos, y se preparaba para él. En casa nuestros estados emocionales siempre estaban al borde del abismo. Las cosas eran, por lo general, finales. Las cosas estaban, a menudo, acabadas. Cuando ella me pilló robando dinero, me dijo: «Nunca volveré a confiar en ti». Y lo hizo. Cuando descubrió que yo escribía un diario, me dijo: «Yo nunca tuve secretos para mi madre...», pero yo no soy tu madre, ¿verdad?». Y después de eso no volvió a serlo. Cuando quise aprender a tocar su piano, me dijo: «Cuando vuelvas de la escuela ya lo habré vendido». Y lo hizo.

Pero tumbada en la cama, fingiendo que no veía la linterna, fingiendo que estaba dormida y volviendo a hundirme en el olor de Helen, podía creer que nada había pasado, porque en realidad nada había pasado. No entonces.

No sabía que ella había dejado que Helen se quedase porque estaba buscando una prueba. Había interceptado una carta. Nos había visto cogidas de la mano. Había visto cómo nos mirábamos. Su mente estaba corrompida y no había sitio en ella para el espacio libre y limpio que nosotras habíamos construido.

A la mañana siguiente, no dijo nada, ni en un tiempo. Casi no hablaba conmigo, pero con frecuencia se encerraba en sí misma. Todo estaba tranquilo, como antes de un ataque aéreo.

Y entonces sucedió el ataque aéreo.

Era una misa corriente de domingo por la mañana. Llegué un poco tarde. Me fijé en que todo el mundo me estaba mirando. Cantamos, rezamos y luego el pastor dijo que dos miembros del rebaño eran culpables de un pecado abominable. Leyó el pasaje de la Epístola a los Romanos 1,26: «Sus mujeres cambiaron el uso natural por el que es contra naturaleza…».

En cuanto comenzó a leer supe lo que iba a suceder. Helen rompió a llorar y salió corriendo de la iglesia. A mí me dijeron que fuera con el pastor. Él era paciente. Él era joven. No creo que quisiera problemas. Pero la señora Winterson quería problemas y tenía a bastantes miembros de la vieja guardia con ella. Iba a haber un exorcismo.

Nadie podía creerse que alguien con tanta fe como yo pudiera haber tenido sexo —y con otra mujer— a no ser que hubiera un demonio por medio.

Dije que no había ningún demonio. Dije que amaba a Helen.

Mi actitud desafiante empeoró las cosas. Yo ni siquiera reconocía que tenía un demonio mientras que Helen divisó al suyo al instante y dijo sí, sí, sí. La odié por aquello. ¿Tan poco valía el amor que se podía abandonar con tanta facilidad?

La respuesta era que sí. El error que cometieron en la iglesia fue olvidar que comencé mi corta vida dispuesta a ser abandonada. El amor no me abrazó cuando nací y ahora se rompía. No quería creer que el amor fuera algo tan endeble. Me así a él con más fuerza porque Helen lo soltó.

Papá no tenía nada que ver con el exorcismo pero no intentó detenerlo. Hizo horas extras en la fábrica y fue mi madre la que dejó que entraran los ancianos para la ceremonia de rezos y repudio. Ellos se encargaban del rezo; yo me encargaba de la renuncia. Ellos cumplieron con su parte. Yo no cumplí con la mía.

Se supone que el demonio tiene que salir y quizá prender fuego a las cortinas o colarse volando en el perro que soltará espuma por la boca y habrá que estrangularlo. A veces se ha sabido de demonios que habitan en muebles. Hubo una radiogramola que tenía un demonio dentro: cada vez que la pobre mujer sintonizaba «Canciones de alabanza», solo oía risas maniacas. Enviaron las válvulas a ser bendecidas y cuando las volvieron a colocar el demonio se había marchado. Seguramente la soldadura tendría algo que ver pero nadie lo mencionó.

Los demonios pudrían los alimentos, se ocultaban en los espejos, vivían en grupos allá donde había antros de perdición —bares y casas de apuestas— y adoraban las carnicerías. Es por la sangre...

Cuando me encerraron en el salón con las cortinas echadas y sin comida ni calefacción durante tres días estaba convencida de que no tenía ningún demonio. Tras tres días de rezos por mí en turnos y de no dejarme dormir más que unas pocas horas seguidas, comencé a creer que tenía todo el infierno en mi corazón.

Al terminar aquel suplicio, como yo seguía empecinada, uno de los ancianos me pegó repetidas veces. ¿Es que no entendía que estaba pervirtiendo el designio de Dios con respecto a las relaciones sexuales normales?

Dije que mi madre no dormía en la misma cama que mi padre, ¿es eso una relación sexual normal?

Me mandó que me arrodillara y me arrepintiera de aquellas palabras y sentí el bulto que se formaba en sus pantalones. Intentó besarme. Me dijo que sería mejor que con una chica. Mucho mejor. Me metió la lengua en la boca. Se la mordí. Sangre. Mucha sangre. Desmayo.

Me desperté en mi cama en la pequeña habitación que me preparó mi madre cuando le concedieron el crédito para hacer un cuarto de baño. Me encantaba mi pequeña habitación pero no era un lugar seguro. Mi mente se sentía limpia y despejada. Seguramente se debía a la clarividencia que proporciona el hambre, pero estaba convencida de lo que tenía que hacer. Haría lo que quisieran pero solo en el exterior. En mi interior construiría un nuevo yo, uno que no podrían ver. Como después de que quemaran los libros.

Me levanté. Había comida. Me la comí. Mi madre me dio una aspirina.

Dije que lo sentía. Ella dijo:

—De tal palo, tal astilla.

—¿Lo dices por mi madre?

—A los dieciséis ya iba con hombres.

—¿Cómo lo sabes?

No contestó. Luego dijo:

—No vas a salir de esta casa ni de día ni de noche hasta que me prometas que no volverás a ver a esa chica.

—Te prometo que no volveré a verla.

Aquella noche me acerqué a casa de Helen. Estaba a oscuras. Llamé a la puerta. Nadie contestó. Esperé y esperé y pasado un rato ella apareció desde la parte de atrás de la casa. Se apoyaba en la pared encalada. No me miraba.

¿Te hicieron daño?, dijo.

Sí. ¿Te hicieron daño?

No… Les conté todo… lo que hicimos…

Eso era algo nuestro, no suyo.

Tenía que contárselo.

Bésame.

No puedo.

Bésame.

No vuelvas. Por favor, no vuelvas más.

Regresé a casa dando un rodeo para que nadie me viera, por casualidad, volviendo de casa de Helen. La tienda de patatas fritas estaba abierta y tenía suficiente dinero. Me compré una bolsa de patatas y me senté en un murete.

Así que así son las cosas: ni Heathcliff, ni Cathy, ni Romeo y Julieta, ni el amor extendiéndose de un extremo a otro como una carretera cruzando el mundo. Pensaba que podíamos ir a cualquier sitio. Pensaba que podíamos ser mapa y globo terráqueo, carretera y brújula. Pensaba que éramos la una el mundo de la otra. Pensaba...

No éramos amantes, éramos amor.

Le dije eso a la señora Winterson —no entonces, más adelante—. Lo entendió. Era algo terrible para ella que se lo dijera. Por eso se lo dije.

Pero aquella noche solo había Accrington y las farolas y las patatas fritas y los autobuses y el lento camino de regreso a casa. Los autobuses de Accrington estaban pintados de rojo, azul y dorado, los colores del regimiento del Lancashire oriental, los muchachos de Accrington, famosos por ser bajitos y aguerridos y por estar malditos; fueron masacrados en la batalla del Somme. Los autobuses todavía tenían los guardabarros pintados de negro como muestra de respeto.

Tenemos que recordar. No debemos olvidar.

¿Me escribirás?

No te conozco. No puedo conocerte. Por favor, no vuelvas más.

No sé qué pasó con Helen. Se marchó a estudiar teología y se casó con un ex militar que estaba preparándose para ser misionero. Una vez me los encontré, años más tarde. Ella era engreída y neurótica. Él era un sádico sin ningún atractivo. Pero ¿lo diría, lo haría?

Después del exorcismo entré en un estado de mutismo y desdicha. Cogía mi tienda de campaña y dormía en el huerto. No quería estar cerca de ellos. Mi padre era infeliz. Mi madre estaba trastornada. Éramos como refugiados en nuestra propia vida.

7

Accrington

Vivía en una calle alargada y tirante con una ciudad en la parte de abajo y una colina en la parte de arriba.

La ciudad se encuentra a los pies de Hameldon Hill al este y de las colinas de Haslingden al sur, y desde esas elevaciones descienden tres arroyos procedentes del oeste, del noroeste y del norte, que confluyen cerca de la vieja iglesia y siguen en un único curso en dirección oeste hacia Hyndburn. La ciudad creció a lo largo de la carretera que va de Clitheroe hacia Haslingden y el sur, aquí conocida sucesivamente como Whalley Road, Abbey Street y Manchester Road.

Extracto de *Historia del condado de Lancaster*, volumen 6, de William Farrer y J. Brownbill (eds.), 1911

La primera mención de Accrington se encuentra en el libro de Domesday, parece que era un terreno rodeado por robles. El suelo es de ese tipo arcilloso que tanto gusta a los robles. Era una tierra de pastos abruptos —ovejas, no cultivable—, pero como el resto de Lancashire, Accrington se enriqueció gracias al algodón.

James Hargreaves, el analfabeto de Lancashire que inventó la hiladora jenny en 1764, fue bautizado y se casó en Accrington, aunque era de Oswaldtwistle (pronúnciese «Ozzle-twizzle»). La hiladora jenny podía hacer ella sola el trabajo de ocho devanaderas y supuso el comienzo de la industria textil de Lancashire y del control que Lancashire ejerció sobre el comercio mundial del algodón.

Oswaldtwistle era la siguiente localidad en la carretera que salía de Accrington y se suponía que era un lugar para idiotas y paletos. La llamábamos Tontolandia. Cuando yo era pequeña allí había una fábrica de galletas para perros y los niños pobres solían rondar a sus puertas para recoger sacos de sobras para comer. Si escupes en una galleta para perros y la untas en azúcar glas, sabe como una galleta de verdad.

En nuestro colegio femenino, nos amenazaban constantemente con un futuro en la fábrica de galletas para perros de Tontolandia. Esto no evitaba que las chicas más pobres llevaran galletas para perros a la escuela. El problema era que su forma de hueso las delataba; durante un tiempo el colegio mantuvo una política de prohibidas las galletas para perros.

Mi madre era una esnob y no le gustaba que me mezclara con las chicas que comían galletas para perros de Oswaldtwistle. Para ser sinceros, no le gustaba que me mezclara con nadie y siempre decía: «Estamos llamados a mantenernos apartados». Por lo visto, eso significaba apartados de todos y de todo, a no ser que fuera la iglesia. En una pequeña ciudad norteña donde todo el mundo sabe lo que hace su vecino, llevar una vida apartada era una tarea de jornada completa. Pero mi madre necesitaba una ocupación.

Pasábamos frente al Woolworths, «un semillero del vicio». Pasábamos frente al Marks and Spencer's, «los judíos mataron a Cristo». Pasábamos frente a la funeraria y la pastelería, «comparten el horno». Pasábamos frente al puesto de galletas con sus propietarios de cara redonda, «incesto». Pasábamos frente a la tienda de animales, «bestialismo». Pasábamos frente al banco, «usura». Pasábamos frente a la Oficina de Atención al Ciudadano, «comunistas». Pasábamos frente a la guardería, «madres solteras». Pasábamos frente a la peluquería, «vanidad». Pasábamos frente a la casa de empeños donde una vez mi madre intentó empeñar el diente de oro que le quedaba y finalmente entrábamos en una cafetería llamada la Palatine para tomar una tostada con judías.

A mi madre le encantaba comer tostadas con judías en la Palatine. Era su lujo y ahorraba para que pudiéramos permitírnoslo el día de mercado.

El mercado de Accrington era un enorme mercado, con una parte cubierta y otra a cielo abierto, con puestos llenos de patatas sucias y repollos enormes. Había puestos que vendían productos de limpieza de un caldero, sin envase, te traías tus propias botellas para la lejía y tus propios tarros para la sosa cáustica. Había un puesto que solo vendía caracoles de mar, cangrejos y anguilas, y un puesto que vendía galletas de chocolate en bolsas de papel.

Podías hacerte un tatuaje o comprar un pez de colores, y podías recortarte el pelo por la mitad de precio que en una peluquería. Los vendedores pregonaban a gritos sus ofertas: «No le doy una ni dos…, ¡le doy tres por el precio de una! ¿Qué dice, señora? ¿Siete por el precio de dos? ¿Cuántos hijos tiene? ¿Siete? ¿Ya lo sabe su marido? ¿Cómo es posible? Seguro que es culpa de él. ¡Un tío con suerte! Tenga, y rece por mí cuando me muera…».

También hacían demostraciones de la mercancía: «¡Esto BAAA-RRE! ¡Esto ASPIII-RA! Esto limpia hasta encima de las cortinas y por detrás del horno... Todo gracias a estos pitorros. ¿Qué pasa, señora? ¿No le gustan mis pitorros?».

Cuando en Accrington abrió el primer supermercado nadie iba porque los precios podían ser bajos pero eran fijos. En los mercados no había nada fijo; podías regatear hasta obtener una ganga. Ahí residía parte del placer, el placer estaba en el teatro cotidiano. Los puestos hacían su propio espectáculo. Aunque fueras tan pobre que tuvieras que esperar al final de la jornada para comprar comida, podías pasártelo bien en el mercado. Había gente conocida y había cosas para ver.

No soy una entusiasta de los supermercados y odio comprar en ellos, incluso los productos que no puedo conseguir en otro sitio, como comida para gatos o bolsas de basura. Una gran parte de mi aversión por ellos se debe a la pérdida de intensidad. La tediosa apatía de la existencia actual no consiste solo en trabajos aburridos y una televisión aburrida; también consiste en la pérdida de la vida intensa en las calles; los rumores, los encuentros, el día ruidoso, desordenado y tumultuoso en el que había cabida para todos, con dinero o sin él. Y si no podías permitirte calefacción en tu casa, podías ir al mercado. Antes o después, alguien te invitaba a tomar una taza de té. Así eran las cosas.

A la señora Winterson no le gustaba que la vieran buscando gangas, dejaba esa tarea para mi padre y ella se iba a la cafetería Palatina. Se sentaba conmigo junto a los oscuros ventanales, fumando y pensando en mi futuro.

—Cuando seas mayor, serás misionera.

—¿Adónde iré?

—Lejos de Accrington.

No sé por qué odiaba tanto Accrington, pero la odiaba y aun así no se marchaba. Cuando me marché yo, fue como si la hubiera liberado de un peso y la hubiera traicionado al mismo tiempo. Ella deseaba que yo fuera libre y hacía todo lo posible para asegurarse de que eso nunca sucediera.

Accrington no destaca por nada en especial. Tiene el peor equipo de fútbol del mundo, el Accrington Stanley, y una gran colección de cristal de Tiffany donada por Joseph Briggs, un hombre de Accrington que consiguió marcharse y se hizo un nombre y una fortuna en Nueva York trabajando para Tiffany.

Del mismo modo que pedacitos de Nueva York vinieron a Accrington, unos pedazos mucho más grandes de Accrington fueron a Nueva York. Entre las rarezas de Accrington, estaba la de fabricar los ladrillos más duros del mundo; la arcilla de la zona tiene vetas de hierro, lo cual proporciona a los ladrillos su reconocible color rojo brillante, así como una extraordinaria fuerza.

Estos ladrillos se llaman Nori, porque alguien dijo que eran tan duros como el hierro y estampó esta palabra en los ladrillos al revés por equivocación, así que con Nori se quedaron.

Miles de esos ladrillos salieron hacia Nueva York para construir los cimientos de los mil cuatrocientos cincuenta y tres pies de altura del Empire State Building. Pensad en *King Kong* y pensaréis en Accrington: el ladrillo Nori que aguantó al gorila mientras zarandeaba a Fay Wray. Solíamos tener pases especiales de *King Kong* en el pequeño cine de la ciudad, siempre precedidos por un documental sobre los ladrillos. Ninguno de nosotros había estado en Nueva York, pero todos nos sentíamos en parte responsables de su éxito como la ciudad más moderna del mundo con el edificio más alto del mundo apoyándose sobre ladrillos de Accrington.

Los famosos ladrillos también tenían una vida más local. Walter Gropius, el arquitecto de la Bauhaus, usó ladrillos Nori para el único edificio residencial que erigió en Gran Bretaña, el 66 de Old Church Street, en Chelsea, Londres.

Al contrario que con el Empire State Building, nadie daba mucha importancia a la obra de Gropius, pero todos la conocían. En Accrington teníamos cosas de las que estar orgullosos.

El dinero que salía de los telares y la industria del algodón sirvió para construir el mercado y el ayuntamiento, el hospital Victoria, el Instituto de Mecánica y más tarde, en parte, la biblioteca pública.

Hoy en día parece muy sencillo destruir las bibliotecas —sobre todo llevándose todos los libros— y decir que los libros y las bibliotecas no son relevantes en la vida de las personas. Se habla mucho de la desestructuración y la alienación de la sociedad, pero ¿qué otra cosa podemos esperar cuando nuestra idea de progreso elimina los centros que tanto hicieron por mantener unida a la gente?

En el norte, la gente se reunía en la iglesia, en el pub, en el mercado y en esos edificios filantrópicos en los que podían continuar su educación y desarrollar sus intereses. Tal vez quedan los pubs, hoy en día, pero no queda nada más.

La biblioteca fue mi puerta al resto del mundo. Pero también había otras puertas, sin adornos ni oficiales, sino pequeñas y escondidas.

Había una tienda y mercadillo de segunda mano en algún sitio bajo el viaducto de Accrington que era la última descendiente de las almonedas del siglo XIX. Había un ropavejero que recorría las calles con su carro casi todas las semanas y la gente tiraba en el carro lo que no quería y regateaba para llevarse a casa lo que quería. Nunca supe cómo se llamaba el hombre, pero tenía un terrier llamado Nip que siempre iba montado en el carro, ladrando y protegiendo la mercancía.

Bajo el viaducto había un portón de acero parecido al de una prisión. Entra y recorrerás un pasaje momificado con destartalados colchones de crin colgando. El ropavejero los colgaba en ganchos de carnicero como reses muertas, atravesando con los garfios los muelles de acero.

Sigue adelante y el pasaje desemboca en una pequeña estancia que resollaba vapores en tu cara. El resuello procede de una estufa de llama, un virulento chorro de fuego y gas con el que el ropavejero se calentaba.

El suyo era uno de esos sitios donde se vendían cochecitos para niños de antes de la guerra con ruedas grandes como las de un molino y capotas de lona en marcos de acero. La capota estaba mohosa y raída, y a veces el hombre metía bajo la capota una muñeca de porcelana con sus ojos helados, malévolos y atentos. Tenía cientos de sillas y a casi todas les faltaba una pata, como supervivientes de un tiroteo. Tenía jaulas para pájaros oxidadas y alopécicos animales disecados, mantas de punto y carritos de supermercado. Tenía bañeritas y tablas de lavar, escurridores de ropa y orinales.

Si te abrías paso entre las lámparas victorianas de pie con flecos y las colchas de retazos huérfanos, si te arrastrabas bajo aparadores de nogal con las puertas arrancadas y bancos de iglesia astillados, si conseguías pasar entre los túmulos secos, calientes y sin aire de edredones todavía tuberculosos y sábanas colgadas como fantasmas —la ropa de cama perdida de las colas de desempleados que lo vendían todo y dormían en sacos—, todo ello mojado con el sudor de la miseria, entonces, si podías pasar apretujado más allá de los abandonados triciclos con una sola rueda y los caballitos sin crines y las pelotas de fútbol pinchadas con sus sucios remiendos en cruz sobre el cuero, entonces llegabas a los libros.

El anuario del ChatterBox, 1923. *La revista de Gollywog*, 1915. *El Imperio para niños*, 1911. *El Imperio para niñas... El plano astral*, 1913. *Cómo criar una vaca. Cómo criar un cerdo. Cómo llevar un hogar...*

Estos me encantaban. La vida era tan sencilla. Decidías lo que querías tener —ganado, una granja, esposa, abejas— y los libros te decían lo que debías hacer. Te daban seguridad.

Y en medio de aquellas cosas, como la zarza ardiente, había colecciones completas de Dickens, de las Brontë, de sir Walter Scott. Eran muy baratas y las compraba, bajaba al laberinto de objetos almacenados tras el trabajo, sabiendo que el ropavejero estaría abierto escuchando sus viejos discos de ópera en una de esas radiogramolas con botones de baquelita y un brazo que se movía solo hasta tocar la superficie negra y rotatoria del vinilo.

> *¿Qué es la vida para mí si tú no estás?*
> *¿Qué me queda si estás muerta?*
> *¿Qué es la vida; la vida sin ti?*
> *¿Qué es la vida sin mi amor?*
> *¡Eurídice! ¡Eurídice!*

Era Kathleen Ferrier cantando, la contralto nacida en Blackburn, a cinco millas de Accrington. La telefonista que ganó un concurso de canto y llegó a ser tan famosa como Maria Callas.

La señora Winterson había oído cantar a Kathleen Ferrier en el Ayuntamiento de Blackburn y le gustaba tocar las canciones de Kathleen Ferrier en el piano. A veces cantaba en su propio estilo la famosa aria del *Orfeo* de Gluck: «¿Qué es la vida para mí si tú no estás?».

No teníamos tiempo para la muerte. La guerra sumada al Apocalipsis y a la vida eterna convertían la muerte en algo ridículo. Vida/muerte. ¿Qué importaban mientras tuvieras alma?

—¿A cuántos hombres mataste, papá?

—No me acuerdo. Veinte. Maté a seis con mi bayoneta. A los oficiales les daban balas, a nosotros no. Dijeron: «No tenemos balas, pinchadlos con las bayonetas».

El desembarco del día D. Mi padre sobrevivió. Ninguno de sus amigos lo hizo.

En la anterior guerra, la Primera Guerra Mundial, lord Kitchener decidió que los hombres que eran amigos serían mejores soldados. Accrington consiguió enviar a setecientos veinte hombres —los muchachos de Accrington— a Serre, Francia. Entrenaban en la colina que había al final de mi calle y partieron para ser héroes. El 1 de julio de 1916, en la batalla del Somme, los enviaron a primera línea de fuego, en ordenadas filas que no se deshicieron mientras las ametralladoras alemanas los derribaban. Quinientos ochenta y seis resultaron muertos o heridos.

En la tienda del ropavejero, nos sentábamos junto a la radiogramola. El hombre me dio un poema sobre un soldado muerto para que lo leyera. Dijo que era de Wilfred Owen, un joven poeta muerto en 1918. Ahora conozco el principio, pero en aquel entonces no…, sin embargo no podía olvidar el final…

«Y en sus ojos / el brillo de las frías estrellas, muy antiguo y sombrío / en cielos diferentes.»

Solía estar fuera por la noche —camino de casa o porque me habían dejado fuera, en el peldaño de la entrada de casa—, así que pasaba mucho tiempo mirando las estrellas y preguntándome si tendrían el mismo aspecto en otro lugar que no fuera Accrington.

Los ojos de mi madre eran como frías estrellas. Ella pertenecía a un cielo diferente.

A veces, cuando ella no había dormido nada, se presentaba por la mañana en la tienda de la esquina, esperaba a que abrieran y preparaba natillas de huevo. Las mañanas de las natillas de huevo me ponían nerviosa. Cuando volvía a casa del colegio, no había nadie, papá estaba en el trabajo y mi madre había hecho una Desaparición. Así que me iba al callejón de atrás y saltaba la tapia para ver si había dejado la puerta del patio abierta. Normalmente lo hacía si se trataba de una Desaparición, y las natillas de huevo estarían allí cubiertas por un trapo junto con un poco de dinero paraque fuera a la tienda a comprar una empanada.

El único problema era si las puertas estaban cerradas y eso significaba volver a saltar la tapia y regresar con la empanada esperando poder pasar sin espachurrarla. Cebolla y patata para mí, carne y cebolla para papá cuando volviera a casa.

En la tienda de la esquina siempre sabían que ella había Desaparecido.

«Connie volverá mañana. Siempre vuelve.»

Era verdad. Siempre volvía. Nunca le pregunté adónde iba y todavía no lo sé. Tampoco he vuelto a comer natillas de huevo.

En Accrington había muchas tiendas de barrio. La gente las abría en los salones de las plantas bajas y vivían en el piso de arriba. Había panaderías, pastelerías, verdulerías y tiendas que vendían dulces en tarros.

La mejor tienda de dulces la llevaban dos señoras que podían haber sido amantes o podían no haberlo sido. Una era bastante joven, pero la mayor llevaba siempre puesto un pasamontañas de lana, no de los que cubrían todo el rostro, pero un pasamontañas. Y tenía bigote. Aunque muchas mujeres tenían bigote en aquella época. Yo no conocía a nadie que se depilase, y a mí tampoco se me ocurrió depilarme nada hasta que me presenté en Oxford con aspecto de mujer lobo.

Sospecho que mi madre había visto *El asesinato de la hermana George* (1968), en la que Beryl Reid hace el papel de una gritona y chabacana marimacho que atormenta sádicamente a su novia, una rubita más joven que ella llamada Childie. Es una película magnífica y perturbadora pero que nunca conseguiría ganarse a la señora Winterson para la causa de los derechos de los homosexuales.

A ella le encantaba ir al cine, aunque no estaba permitido y aunque no pudiera permitírselo. Cada vez que pasábamos junto al cine Odeón, miraba atentamente los carteles y a veces, cuando se iba en una de sus Desapariciones, creo que estaba en el Odeón.

Fuera cierta o no la historia, llegó un día en que me prohibieron ir a la tienda de dulces. Aquello fue un duro golpe porque siempre me daban ositos de goma de más. Cuando me quejé a la señora Winterson me dijo que estaban envueltas en pasiones antinaturales. En aquel entonces, supuse que eso significaba que ponían productos químicos en los dulces.

Mis otras tiendas favoritas, también prohibidas, eran las tiendas de alcohol, ahora llamadas licorerías, a las que acudían mujeres con la cabeza cubierta por pañuelos y con bolsas de ganchillo para comprar botellas de cerveza.

Aunque estaban prohibidos, en esos sitios se compraba la señora W sus cigarrillos, y muchas veces me enviaba a mí diciéndome: «Diles que son para tu padre».

Todas las botellas de bebida eran retornables; en aquella época se pagaba una fianza por ellas y pronto descubrí que guardaban los envases vacíos en cajas detrás de la tienda y que era fácil coger un par de botellas y «devolverlas» otra vez.

Las tiendas de alcohol estaban llenas de hombres y mujeres que soltaban juramentos, hablaban de sexo y apostaban a las carreras de galgos, si a eso le añadíamos algo de generosidad con el dinero y que estaban prohibidas, resultaba todo muy excitante.

Cuando ahora pienso en ello, me pregunto por qué estaba bien que yo fuera a una licorería a comprar cigarrillos pero estaba mal que me dieran unos dulces de más una pareja de mujeres que eran felices juntas, aunque una de ellas llevara siempre un pasamontañas.

Creo que a la señora Winterson le daba miedo la felicidad. Se suponía que Jesús te hacía feliz pero no era así, y si esperabas un Apocalipsis que nunca llegaba, estabas condenada a sentirte frustrada.

Ella creía que feliz significaba malo/equivocado/pecaminoso. O simplemente estúpido. La infelicidad parecía ir unida a la virtud.

Pero había excepciones. La Carpa Evangélica era una excepción, y la porcelana Royal Albert era una excepción, igual que la Navidad. Le encantaba la Navidad.

En Accrington siempre hubo un enorme árbol frente al mercado, y el Ejército de Salvación cantaba villancicos allí durante casi todo el mes de diciembre.

En Navidad el sistema de trueque funcionaba a pleno rendimiento. Nosotros podíamos ofrecer coles de Bruselas en tallos de nuestro huerto, manzanas envueltas en papel de periódico para hacer compota y, lo mejor de todo, el licor de cereza que solo estaba permitido una vez al año, elaborado con el fruto del cerezo del patio y puesto a macerar durante medio año detrás de un armario, en el camino a Narnia.

Cambiábamos nuestras cosas por anguilas ahumadas, crujientes como virutas de cristal, y por un pudin puesto a secar en paño, un pudin bien hecho, duro como una bala de cañón y moteado con frutas como el huevo de un pájaro gigantesco. Una vez cortado los trozos se quedaban erguidos, echábamos el licor de cereza por encima y le prendíamos fuego, mi padre apagaba la luz mientras mi madre lo sacaba al salón.

Las llamas iluminaban su rostro. El fuego de la chimenea nos alumbraba a mi padre y a mí. Éramos felices.

El 21 de diciembre, todos los años, mi madre se ponía el sombrero y el abrigo y salía —no decía adónde iba— mientras que mi padre y yo colgábamos guirnaldas, hechas por mí, desde las esquinas de la cornisa del salón hasta la lámpara del centro.

Mi madre volvía, en lo que parecía una tormenta de granizo, aunque quizá fuera su tiempo personal. Traía un ganso medio dentro, medio fuera de la bolsa, con la cabeza caída y colgando como un sueño que nadie podía recordar. Me daba las dos cosas, el sueño y el ganso, y yo lo desplumaba, echando las plumas en un cubo. Guardábamos las plumas para rellenar lo que necesitara relleno, fuera lo que fuese, y recogíamos la espesa grasa de ganso que sacábamos del ave para asar patatas durante el invierno. Exceptuando la señora W, que tenía un problema de tiroides, todos los conocidos estaban delgados como hurones. Necesitábamos grasa de ganso.

La Navidad era la única época del año en que mi madre salía al mundo como si este fuera algo más que un valle de lágrimas.

Se arreglaba y venía a los conciertos del colegio, eso significaba ponerse el abrigo de pieles de su madre y un sombrerito de plumas negras. El sombrero y el abrigo eran de los años cuarenta y estábamos ya en los setenta, pero ella llamaba la atención y siempre tuvo garbo, y teniendo en cuenta que en todo el norte estuvimos en la década equivocada hasta los años ochenta, nadie se daba cuenta de ello.

Los conciertos eran extremadamente ambiciosos; en la primera parte siempre había algo grandioso como el *Requiem* de Fauré o la *Coral de San Antonio*, que requería la entrega a fondo del coro y la orquesta, y a veces uno o dos solistas de la orquesta Hallé de Manchester.

Teníamos una profesora de música que tocaba el violonchelo en la Hallé y era una de esas mujeres atrapadas por su desbordante energía, pertenecientes a una determinada generación, eran mitad locas porque estaban atrapadas y mitad geniales porque estaban atrapadas. Ella quería que sus chicas aprendieran música; a cantarla, a tocarla, y sin concesiones.

Le teníamos pánico. Si tocaba el piano en las reuniones de la escuela, tocaba Rachmaninov, con su cabello negro cayendo sobre el Steinway y sus uñas siempre rojas.

El himno del Instituto Femenino de Accrington era «Elogiemos ahora a hombres famosos», una elección fatal para una escuela femenina, pero que me ayudó a convertirme en feminista. ¿Dónde estaban las mujeres famosas —o cualquier mujer—, y por qué no las elogiábamos? Me juré que sería famosa y volvería para ser elogiada.

Aquello parecía poco probable, ya que era una mala estudiante, distraída y problemática, y mis notas eran desastrosas un año tras otro. No podía concentrarme y no entendía gran parte de lo que se me decía.

Solo se me daba bien una cosa: las palabras. Había leído más, mucho más, que cualquiera, y sabía cómo funcionaban las palabras del mismo modo que algunos chicos saben cómo funciona un motor.

Pero era Navidad y la escuela estaba llena de lucecitas y la señora Winterson llevaba su abrigo de pieles y un pájaro por sombrero, y mi padre se había lavado y afeitado, y yo caminaba entre ambos y me sentía normal.

—¿Es esa tu madre? —me preguntó alguien.

—Más o menos —contesté.

Años más tarde, cuando volví a Accrington tras mi primer trimestre en Oxford, estaba nevando y caminé subiendo por la alargada y estirada calle desde la estación de tren, contando las farolas. Cuando me acerqué al número 200 de Water Street la oí antes de verla, de espaldas a la ventana que daba a la calle, muy tiesa, muy grande, tocando en su nuevo órgano eléctrico «En medio del crudo invierno», con una base de jazz y platillos.

La miré a través de la ventana. Siempre había sido a través de la ventana —había una barrera entre nosotras, transparente pero real—, pero ¿acaso no dice la Biblia que vemos a través de un cristal, oscuramente?

Ella era mi madre. Ella no era mi madre.

Llamé al timbre. Se volvió a medias.

—Adelante, adelante, la puerta está abierta.

8

El Apocalipsis

La señora Winterson no era una mujer hospitalaria. Si alguien llamaba a la puerta, corría por el recibidor y asomaba el atizador del fuego por la rendija del correo. Yo le recordaba que los ángeles suelen presentarse disfrazados y me decía que era cierto pero que nunca se presentaban con disfraz de poliéster.

Parte del problema era que no teníamos cuarto de baño y la mujer sentía vergüenza por ello. No mucha gente tenía cuarto de baño, pero no se me permitía llevar amigas del colegio a casa por si querían usar el lavabo; entonces tendrían que salir fuera y descubrirían que no teníamos cuarto de baño.

De hecho, eso era lo de menos. A los no creyentes les esperaba un desafío mayor que un airoso encuentro con un retrete exterior cuando llegaran allí.

No se nos permitía tener libros pero vivíamos en un mundo de textos impresos. La señora Winterson escribía exhortaciones y las pegaba por toda la casa.

Bajo el colgador de los abrigos un cartelito decía: PIENSA EN DIOS, NO EN EL PERRO.

Sobre el horno de gas, en un envoltorio para el pan, ponía: NO SOLO DE PAN VIVE EL HOMBRE.

Pero en el retrete exterior, justo enfrente de ti cuando entrabas por la puerta, había un cartel. Quienes se quedaban de pie leían: NO OS DEMORÉIS EN LOS ASUNTOS DEL SEÑOR.

Los que se sentaban leían: ÉL DERRETIRÁ VUESTROS INTESTINOS COMO LA CERA.

Era la expresión de un deseo; mi madre tenía problemas intestinales. Tenía algo que ver con las rebanadas de ese pan blanco no solo del cual vivíamos.

Cuando iba al colegio, mi madre ponía citas de las Sagradas Escrituras en mis botas. A la hora de comer había un rollito de la caja de las promesas en cada plato. Una caja de las promesas es una cajita con textos de la Biblia enrollados en su interior, como los chistes que te tocan en las piñatas navideñas, pero serios. Los rollitos están puestos de pie y tú cierras los ojos y sacas uno. Podía ser reconfortante: NO SE TURBE VUESTRO CORAZÓN, NI TENGA MIEDO. O podía ser aterrador: LOS PECADOS DE LOS PADRES LOS PAGAN LOS HIJOS.

Pero, alegres o deprimentes, eran lecturas, y leer es lo que yo quería hacer. Alimentada con palabras y calzada con ellas, las palabras se convertían en pistas. Pieza a pieza sabía que me llevarían a otro lugar.

Las únicas ocasiones en las que la señora Winterson abría la puerta de buena gana era cuando sabía que los mormones andaban por ahí. Esperaba en el recibidor y antes de que soltaran el timbre ya había abierto la puerta blandiendo su Biblia y advirtiéndoles de la condena eterna. Aquello confundía a los mormones porque pensaban que eran ellos los que estaban al cargo de la condena eterna. Pero la señora Winterson era una candidata mejor para el puesto.

De vez en cuando, si ella estaba de buen talante y llamaban a la puerta, dejaba tranquilo el atizador y me mandaba que saliera por la puerta de atrás y corriera por el callejón para ver quién era desde la esquina de la calle. Yo volvía a toda prisa con la información y mi madre decidía si podían pasar o no —lo que normalmente suponía un montón de trabajo con el insecticida ambientador antes de que yo fuera a abrir la puerta—. Desanimado porque nadie abría, el visitante se encontraba ya bajando por la calle y yo tenía que echar a correr y traerlo de vuelta; entonces mi madre fingía estar sorprendida y contenta.

No me importaba; me daba la oportunidad de subir a mi cuarto y leer un libro prohibido.

Creo que la señora Winterson había sido una buena lectora en el pasado. Cuando tenía siete años me leía *Jane Eyre*. Se consideraba apta porque salía un reverendo —Saint John Rivers— que era un entusiasta del trabajo misionero.

La señora Winterson leía en voz alta, saltándose ciertas páginas. Llega el terrible incendio en Thornfield Hall y el señor Rochester se queda ciego, pero en la versión que leía la señora Winterson a Jane no le interesa su amante ciego; se casa con Saint John Rivers y se marchan juntos a trabajar en el campo de las misiones. Solo cuando por fin me leí *Jane Eyre* por mi cuenta descubrí lo que mi madre había hecho.

Y lo hacía muy bien, pasando las páginas e inventándose el texto de forma improvisada, al estilo de Charlotte Brontë.

El libro desapareció cuando me hice mayor; tal vez no quería que lo leyera por mi cuenta.

Supongo que escondía libros del mismo modo que escondía todo lo demás, incluido su corazón, pero nuestra casa era pequeña y lo busqué. ¿Estábamos registrando constantemente la casa, las dos, buscando pruebas incriminatorias la una de la otra? Creo que sí. Ella, porque yo le resultaba terriblemente desconocida y me tenía miedo. Yo, porque no tenía ni idea de lo que había perdido pero sentía la pérdida de la pérdida.

Nos acechábamos la una a la otra, precavidas, abandonadas, llenas de nostalgia. Nos acercábamos pero no lo suficiente y luego nos apartamos para siempre la una de la otra.

Encontré un libro, pero ojalá no lo hubiera hecho; estaba escondido en uno de los cajones del armario, bajo una pila de toallas, y era un manual de sexo de los años cincuenta titulado *Cómo satisfacer a tu esposo*.

Aquel aterrador volumen podía ser la explicación de por qué la señora Winterson no tenía hijos. Incluía diagramas en blanco y negro, listas, consejos y casi todas las posturas se parecían a anuncios de un juego para niños de tortura física llamado Twister.

Mientras reflexionaba sobre los horrores de la heterosexualidad me di cuenta de que no debía sentir lástima por mis padres; mi madre no lo había leído, quizá lo abrió alguna vez, comprendió la magnitud de la tarea y lo dejó. El libro estaba sin estrenar, inmaculado, intacto. Así que, se las arreglara como se las arreglase mi padre sin sexo, de hecho no creo que se acostaran ni una sola vez, pero al menos él no había tenido que pasarse las noches con la señora Winterson sujetando con una mano su pene y con la otra el manual mientras seguía sus instrucciones.

Recuerdo que ella me contó que poco después de casarse mi padre volvió un día borracho y ella se encerró en el dormitorio. Él echó la puerta abajo y ella tiró su alianza de casados por la ventana y cayó en una alcantarilla. Él bajó a buscarla. Ella cogió el autobús nocturno a Blackburn. Esto me lo contaba para mostrarme cómo Jesús mejoraba los matrimonios.

La única lección de sexo que me dio mi madre fue el siguiente mandato: «Jamás dejes que un chico te toque ahí abajo». No tenía ni idea de a qué se refería. Parecía que hablaba de mis rodillas.

¿Habría sido mejor si me hubiera enamorado de un chico y no de una chica? Seguramente no. Había entrado en ese lugar tan temido por mi madre: el pánico al cuerpo, la irresolución de su matrimonio, la humillación que vivió su propia madre ante la brusquedad de su marido mujeriego. El sexo le disgustaba. Y ahora, cuando me miraba, veía sexo.

Yo había hecho mis promesas. Y, de todos modos, Helen se había ido. Pero ahora yo quería estar desnuda con otra persona. Yo había amado la sensación de la piel, del sudor, de los besos, del orgasmo. Quería sexo y quería cercanía.

Inevitablemente, aparecería otra amante. Ella lo sabía. Me estaba observando. Inevitablemente, me empujó a que ocurriera.

Terminé mis exámenes de secundaria y me salieron bastante mal. Suspendí cuatro, pasé cinco y mi colegio desapareció, o, mejor dicho, se convirtió en un centro de secundaria sin bachillerato. Era parte de la política educativa del gobierno laborista. Tenía la posibilidad de seguir en una escuela técnica para preparar mis exámenes de selectividad y, a regañadientes, la señora Winterson aceptó, a cambio de que yo trabajara en el mercado por las tardes y los sábados para traer algo de dinero a casa.

Me hacía ilusión dejar mi viejo colegio y poder empezar de nuevo. Nadie pensaba que llegaría muy lejos. Ese fuego que ardía en mi interior a ellos les sonaba a rabia y problemas. No sabían cuántos libros había leído ni lo que escribía en las colinas en largos días de soledad. En lo alto de la colina, dominando la ciudad, quería ver más allá de lo que nadie había visto. Eso no era arrogancia; era deseo. Yo era todo deseo, deseo de vida.

Y estaba sola.

La señora Winterson había triunfado en eso; su soledad, imposible de resquebrajar, empezó a encerrarnos entre sus muros.

Era verano y había llegado el momento de las vacaciones anuales en Blackpool.

Esas vacaciones consistían en un viaje en autobús a la famosa ciudad costera y una semana en una pensión en una callejuela; no podíamos permitirnos vistas al mar. Mi madre se pasaba casi todo el día sentada en una tumbona leyendo literatura sensacionalista sobre el infierno y mi padre daba paseos. Le encantaba pasear.

Por las tardes íbamos todos a jugar a las máquinas tragaperras. Aquello no se consideraba apostar en el sentido estricto del término. Si ganábamos, nos comprábamos *fish and chips*.

De niña eso me bastaba para ser feliz y creo que ellos también lo eran durante esa breve y relajada única semana de vacaciones al año. Pero nuestras vidas se habían vuelto más sombrías. Desde el exorcismo del año anterior todos habíamos estado enfermos.

Mi madre empezó a quedarse días enteros en la cama, obligando a mi padre a dormir en el sofá del salón, porque decía que tenía vómitos.

Luego le daban periodos de frenesí y se pasaba levantada todo el día y toda la noche, cosiendo, cocinando, escuchando la radio. Papá iba al trabajo —no tenía otra opción—, pero dejó de hacer cosas. Antes le gustaba modelar animalitos de arcilla que cocía en el horno de la fábrica. Ahora casi no hablaba. Ninguno de nosotros hablaba. Y eso que era el momento de irse de vacaciones.

Yo dejé de tener la regla. Pasé una mononucleosis y estaba agotada. Me gustaba ir a la escuela técnica y trabajar en el mercado, pero dormía diez horas por la noche y fue la primera vez, pero no la última, en la que oía voces, muy claras, que no estaban dentro de mi cabeza. Es decir, que se presentaban como si estuvieran fuera de mi cabeza.

Pedí permiso para quedarme en casa.

Mi madre no dijo nada.

La mañana del viaje mi madre preparó las dos maletas, una para mi padre y otra para ella, y salieron de casa. Caminé con ellos hasta la estación de autobús. Les pedí la llave de casa.

Ella dijo que no se fiaba de dejarme sola. Podía quedarme con el pastor. Ya estaba arreglado.

—No me lo habías dicho.

—Te lo digo ahora.

El autobús arrancó. La gente empezó a subir.

—Dame la llave. Vivo ahí.

—Volveremos el próximo sábado.

—Papá…

—Ya has oído lo que dice Connie…

Y subieron al autobús.

Había salido con una chica que todavía iba al colegio; nací a finales de agosto, por eso siempre fui la más pequeña de la clase. Esta chica, Janey, cumplía años en octubre, así que era de las mayores. Nos separaba un año académico, pero solo unos meses de edad. En otoño iría al instituto conmigo. Me gustaba mucho, pero me daba mucho miedo besarla. Ella tenía mucho éxito con los chicos y tenía novio, pero prefería verme a mí.

Pasé por su casa y le conté lo que había pasado, y su madre, que era una mujer decente, me dejó quedarme a dormir en la caravana que tenían aparcada frente a su casa.

Estaba furiosa. Salimos a dar un paseo y arranqué el portón de una granja de sus bisagras y lo tiré al río. Janey me pasó el brazo por el hombro y me dijo:

—Vamos a colarnos. Es tu casa.

Así que aquella noche saltamos la tapia del patio trasero. Mi padre guardaba herramientas en un cobertizo y encontré una palanqueta y un martillo de carpintero y forcé la puerta de la cocina.

Estábamos dentro.

Éramos como niñas. Éramos niñas. Calentamos una lata de pastel de carne Fray Bentos —lo vendían en latas planas con forma de platillo— y abrimos un bote de guisantes. En nuestra ciudad había una fábrica de conservas, por eso la comida enlatada era barata.

Nos tomamos una bebida embotellada que le encantaba a todo el mundo llamada zarzaparrilla: sabía a regaliz y melaza, era de color negro, tenía gas y la vendían en botellas sin etiquetar en un puesto del mercado. Siempre compraba cuando tenía dinero, y también compraba para la señora Winterson.

La casa era acogedora. La señora Winterson había estado decorándola. Era una experta en medir y colocar papel pintado. Mi padre se encargaba de mezclar la cola, cortar los pedazos de papel siguiendo las instrucciones de su esposa y luego subírselos a la escalera para que ella pudiera dejarlos caer, pegarlos y alisar con un gran cepillo las burbujitas de aire que se formaban.

Naturalmente, la operación llevaba su sello. Como buena obsesiva-compulsiva, había que hacerlo hasta que se acababa.

Yo volvía a casa. Ella estaba subida a la escalera, cantando «Aférrate a tu ancla en las tormentas de la vida».

Mi padre quería cenar para ir al trabajo, pero no había ningún problema pues la comida estaba lista y en el horno.

—¿Bajas, Connie?

—No hasta que haya terminado.

Mi padre y yo nos sentábamos en la sala a comer nuestras patatas con carne picada en silencio. Por encima de nuestras cabezas estaba el ras ras del cepillo.

—¿No quieres comer un poco, Connie?

—No os preocupéis por mí. Me tomaré un sándwich aquí arriba.

Así que había que preparar un sándwich, subírselo y dárselo, como si alimentáramos a un animal peligroso en un safari. Allí estaba ella, sentada, con un pañuelo para evitar estropearse la permanente, con la cabeza a la altura del techo, comiéndose su sándwich y mirándonos desde lo alto.

Papá se fue a trabajar. La escalera se movió varias veces por la habitación pero ella seguía allí arriba. Me fui a la cama y cuando me levanté para ir clase a la mañana siguiente, allí estaba ella, con una taza de té, subida a la escalera.

¿Había pasado toda la noche ahí? ¿Había vuelto a subir al oír que yo bajaba?

Pero el salón ya estaba decorado.

Janey y yo éramos las dos del estilo ojos oscuros e intensos, aunque ella se reía más que yo. Su padre tenía un buen trabajo pero estaban preocupados porque podía perderlo. Su madre trabajaba y tenían cuatro hijos. Ella era la mayor. Si su padre perdía su trabajo ella tendría que dejar los estudios y ponerse a trabajar.

Todas las personas que conocíamos pagaban al contado y cuando no podías pagar al contado significaba que no tenías dinero. Pedir prestado era considerado el camino hacia la ruina. Mi padre murió en 2008 sin haber poseído una tarjeta de crédito ni de débito en su vida. Tenía una cuenta en una sociedad de préstamo hipotecario para guardar sus ahorros, nada más.

Janey sabía que su padre estaba pagando un préstamo y que un hombre iba a su casa todos los viernes por el dinero. Le daba pánico aquel hombre.

Le dije que no tuviera miedo. Le dije que llegaría un tiempo en que ya no volveríamos a tener miedo.

Nos cogimos de la mano. Me preguntaba qué se sentiría al tener casa propia, un lugar donde poder entrar y salir, donde la gente sería bienvenida, donde nunca más volvería a tener miedo…

Oímos abrirse la puerta principal. Había perros ladrando. La puerta del salón se abrió de un portazo. Dos doberman entraron rugiendo y alzando las patas delanteras, frenados por las correas. Janey gritó.

Detrás de los doberman estaba el hermano de mi madre, el tío Alec.

La señora Winterson había pensado muy bien que yo volvería a casa. Sabía que saltaría la tapia de atrás. Había pagado a un vecino para que la llamara por teléfono a la pensión de Blackpool.

El vecino me había visto, fue a la cabina, llamó a Blackpool y habló con mi madre. Mi madre llamó a su hermano.

Ella lo odiaba. Entre ambos solo había odio. Él había heredado el negocio de compraventa de coches de su padre y a ella no le habían dejado nada. No obstante el tiempo que pasó cuidando a su madre, todos esos años atendiendo al abuelo, preparándole la comida, lavándole la ropa, no le habían dejado más que una casa miserable y nada de dinero. Su hermano tenía un próspero taller y una gasolinera.

Mi tío me mandó que me fuera. Le dije que no lo haría. Me dijo que me iría aunque tuviera que soltar a los perros. Lo decía en serio. Me dijo que era una desagradecida.

—Ya le dije a Connie que no adoptara. No sabes la suerte que has tenido.

—Muérete.

—¿Qué?

—Muérete.

Tortazo. En plena cara. Janey ahora lloraba de verdad. Yo tenía un labio partido. El tío Alec estaba colorado de rabia.

—Te doy cinco minutos y si cuando vuelva sigues aquí desearás no haber nacido.

Pero nunca deseé haber nacido y no iba a empezar a desearlo por él.

Se marchó y oí cómo montaba en su coche y encendía el motor. Seguía oyendo el ronroneo del motor. Corrí al piso de arriba y cogí algo de ropa, luego me dirigí a la Despensa de la Guerra y saqué un paquete de comida enlatada. Janey lo metió todo en su mochila.

Volvimos a saltar la tapia de atrás para que mi tío no nos viera salir. Mejor dejar que entrase hecho una furia tras los cinco minutos y soltara gritos a la casa vacía.

Sentía frío en mi interior. No había nada dentro de mí. Podría haberlo matado. Lo habría matado. Lo habría matado y no habría sentido nada.

Los padres de Janey habían salido y en su casa solo estaba su abuela cuidando a los pequeños. Los niños ya estaban en la cama. Me senté en el suelo de la caravana. Janey vino y me rodeó con sus brazos, luego me besó, me besó de verdad.

Yo estaba llorando y besándola, nos desnudamos y nos metimos en la estrecha cama de la caravana, y recordé, mi cuerpo recordó, lo que era estar en un lugar y poder estar allí, sin tensión, sin precaución, sin tener la cabeza en otro sitio.

¿Nos quedamos dormidas? Seguramente. Los faros de un coche iluminaron la caravana. Sus padres volvían a casa. Sentí mi corazón latiendo acelerado, pero las luces no eran una señal de peligro. Estábamos a salvo. Estábamos juntas.

Ella tenía unos pechos bonitos. Toda ella era preciosa, con un rico y espeso triángulo de pelo negro entre las piernas y un vello oscuro en los brazos y en una línea que bajaba desde el ombligo al pubis.

Por la mañana nos despertamos temprano y me dijo:

—Te amo. Siempre te he querido.

—Tenía mucho miedo —le dije.

—No lo tengas —me dijo—. Nunca más.

Su claridad era como el agua, fresca, profunda y transparente hasta el fondo. Nada de culpabilidad. Nada de miedo.

Le contó a su madre lo nuestro y su madre le aconsejó que no se lo dijera a su padre, ni dejara que se enterara.

Cogimos las bicicletas. Recorrimos veinte millas e hicimos el amor bajo un seto. La mano de Janey estaba cubierta de sangre. Me había vuelto el periodo.

Al día siguiente fuimos en bicicleta hasta Blackpool. Fui a buscar a mi madre y le pregunté por qué lo había hecho. ¿Por qué me había dejado fuera de casa? ¿Por qué no confiaba en mí? No le pregunté por qué había dejado de quererme. El amor no era una palabra que se pudiera usar ya entre nosotras. Ya no era una simple cuestión de ¿sí?, ¿no? El amor no era una emoción, sino un espacio desolado entre ambas.

Ella miró a Janey. Me miró a mí. Dijo: «No eres mi hija».

Poco importaba aquello. Ya era demasiado tarde para frases como esa. Yo tenía un lenguaje propio y no era el suyo.

Janey y yo éramos felices. Íbamos al instituto. Nos veíamos todos los días. Empecé a tomar clases de conducir en un destartalado Mini en un solar abandonado. Vivía en mi propio mundo de libros y amor. Era un mundo rico e intacto. Volví a sentirme libre, supongo que porque me amaban. Llevé unas flores a la señora Winterson.

Cuando volví aquella noche, las flores estaban en un jarrón sobre la mesa. Las miré... Los tallos seguían en la vasija. Había cortado los cálices y los había tirado a la chimenea apagada. La chimenea estaba lista y sobre la capa negra de carbón descansaban los blancos pétalos de los clavelitos.

Mi madre estaba sentada en silencio en el sillón. No dije nada. Contemplé la estancia, pequeña y ordenada, los patos voladores de latón sobre el mantel, el cascanueces con forma de cocodrilo junto al reloj de sobremesa, el tendedero que podíamos acercar y alejar del fuego, el aparador con nuestras fotos. Allí era donde vivía.

—No está bien. Ya sé lo que eres —dijo.

—No lo creo.

—Tocándola. Besándola. Desnudas. Juntas en la cama. ¿Crees que no sé lo que hacéis?

De acuerdo…, ya estaba… Se acabó lo de esconderse. Se acabó el otro yo. Se acabaron los secretos.

—Mamá…, quiero a Janey.

—Y tú encima de ella…, cuerpos calientes, manos por todas partes…

—La amo.

—Te di una oportunidad. Has vuelto con el Demonio. Escucha lo que te digo: o te vas de esta casa y no vuelves nunca más o dejas de ver a esa chica. Voy a contárselo a su madre.

—Ella ya lo sabe.

—Ella, ¿qué?

—Su madre lo sabe. No es como tú.

La señora Winterson permaneció un buen rato en silencio y luego se echó a llorar.

—Es un pecado. Irás al infierno. Los cuerpos débiles acaban en el infierno.

Subí las escaleras y empecé a recoger mis cosas. No tenía ni idea de lo que iba a hacer.

Cuando bajé, mi madre estaba sentada, inmóvil, mirando al vacío.

—Bueno, me voy… —dije.

No contestó. Salí de la habitación. Fui hasta el estrecho y oscuro recibidor, con los abrigos colgados en sus perchas. No tenía nada que decir. Estaba junto a la puerta. La oí detrás de mí. Me volví.

—Jeanette, ¿puedes decirme por qué?

—Por qué, ¿qué?

—Sabes muy bien el qué.

Pero no sé el qué…, lo que soy…, por qué no le gusto. Lo que ella quiere. Por qué no soy lo que ella quiere. Lo que quiero o por qué. Pero hay algo que sí sé:

—Cuando estoy con ella soy feliz. Feliz, sin más.

Asintió. Parecía que comprendía y pensé, de verdad, por un instante, que iba a cambiar de opinión, que hablaríamos, que estaríamos al mismo lado del muro de cristal. Esperé. Al final me soltó:

—¿Por qué ser feliz cuando puedes ser normal?

9

Literatura inglesa de la A a la Z

En la biblioteca pública de Accrington había un ejemplar de casi todo. Incluso tenían una copia de la *Autobiografía de Alice B. Toklas* (1932), de Gertrude Stein.

A los dieciséis años solo había llegado a la M, sin contar a Shakespeare, que no forma parte del alfabeto, igual que el negro no es un color. El negro es todos los colores y Shakespeare es todo el alfabeto. Yo me leía sus obras y sonetos del mismo modo que te vistes todas las mañanas. Nunca te preguntas: «¿Me vestiré hoy?». (Los días que no te vistes es porque no estás bien, mental o físicamente, para preguntártelo; pero ya hablaremos de eso más adelante.)

La M era el poeta del siglo XVII Andrew Marvell. Tras mi encuentro con T. S. Eliot en las escaleras de la biblioteca, decidí añadir la poesía a la lista de lecturas. La poesía es más fácil de aprender que la prosa. Cuando te la has aprendido puedes usarla como luz y como láser. Ilumina tu verdadera situación y te ayuda a cortar con ella.

Marvell escribió uno de los más bellos poemas en inglés, «A su esquiva amada». Es el que empieza así: «De haber tenido mundo suficiente y tiempo…».

Mundo suficiente y tiempo es una bonita meta; yo era joven, así que tenía tiempo, pero sabía que tenía que encontrar mundo suficiente. La amplitud del placer; yo no tenía ni un cuarto para mí sola.

Lo que me daba grandes esperanzas eran los versos finales del poema. Es un poema de seducción, ahí reside su encanto, pero también es un poema de vida, que alienta y celebra el amor y el deseo declara el deseo como un desafío la propia condición de mortales.

No podemos ralentizar el tiempo, dice Marvell, pero podemos perseguirlo. Podemos hacer que el tiempo corra. Pensad en los relojes de arena, en el tópico de las arenas del tiempo deslizándose lentamente y en todos esos deseos faustianos de inmortalidad; ojalá se pudiera detener el tiempo, ojalá pudiéramos vivir para siempre.

No, dice Marvell, olvidaos de eso, dadle la vuelta y vivid con todo el entusiasmo que podáis. Así lo expresa él, mucho mejor que yo:

> *Envolvamos, pues, todas nuestras fuerzas,*
> *nuestra dulzura toda, en una esfera;*
> *y lancemos nuestros placeres violentamente*
> *a través de las puertas de hierro de la vida.*
> *Así, aunque no podamos hacer que nuestro sol*
> *se detenga, haremos que, al menos, corra.*

Leedlo en voz alta, y veréis lo que consigue Marvell al poner el encabalgamiento después de «sol». El salto de verso fuerza una minipausa, y el sol realmente se detiene. Luego, el verso sigue avanzando al galope.

Pensé: «Si no puedo quedarme donde estoy, y no puedo, entonces pondré todo mi empeño en el camino».

Empecé a ser consciente de que tenía compañía. Los escritores suelen ser exiliados, extranjeros, fugitivos y náufragos. Esos autores eran mis amigos. Cada libro era un mensaje en una botella. Ábrelo.

Katherine Mansfield, la única escritora a la que Virginia Woolf envidiaba..., pero yo no había leído a Virginia Woolf.

De cualquier modo, yo no pensaba en términos de género o de feminismo, no entonces, porque no tenía más conciencia política que la de saber que pertenecía a la clase obrera. Pero me había fijado en que las mujeres eran menos y estaban más apartadas en las estanterías, y cuando intentaba leer libros «sobre» literatura (siempre un error) no podía evitar fijarme en que los libros estaban escritos por hombres sobre hombres que escribían.

Pero eso no me preocupaba demasiado; corría el peligro de hundirme y nadie perdido en el mar se preocupa de si la tabla a la que se agarra es de olmo o de roble.

Katherine Mansfield, otra escritora tuberculosa como Lawrence y Keats, todos ellos me hacían sentir mejor respecto a mi tos constante. Katherine Mansfield, una escritora cuyos relatos cortos iban mucho más allá de cualquier experiencia vital que hubiera podido tener yo a los dieciséis años.

Pero de eso se trataba. Leer cosas que son relevantes con respecto a los hechos de tu vida tiene un valor limitado. Los hechos son, a fin de cuentas, solo los hechos, y la parte pasional y anhelante de ti no la vas encontrar allí. Por eso resulta tan liberador leernos a nosotros mismos como ficción y también como realidad. Cuanto más leemos más libres nos volvemos. Emily Dickinson apenas salió de su granja en Amherst, Massachusetts, pero cuando leemos «Mi vida se detuvo —un arma cargada», sabemos que hemos encontrado una imaginación que hará detonar la vida, no la decorará.

Así que seguí leyendo. Y seguí leyendo, dejando atrás mi propia geografía e historia, dejando atrás las historias de niña abandonada y de los ladrillos Nori, dejando atrás al Demonio y la cuna equivocada. Los grandes escritores no eran algo remoto; estaban en Accrington.

La biblioteca pública de Accrington seguía el sistema de clasificación decimal de Dewey, lo cual significaba que los libros estaban meticulosamente catalogados, excepto la literatura barata, que no interesaba a nadie. Así, las novelas rosas llevaban una tira rosa y to-das las novelas rosas se amontonaban sin seguir un orden alfabé-tico en las estanterías de «Novela rosa». Lo mismo sucedía con lasnovelas de marineros, pero con una tira verde. Las de terror tenían una tira negra. Las de misterio barato tenían una tira blanca, pero la bibliotecaria jamás pondría a Chandler o a Highsmithen «Misterio»: eran literatura, al igual que *Moby Dick* no era unanovela de marineros ni *Jane Eyre* una novela romántica.

El humor también tenía una sección… con una tira naranja ondulada y risueña. En las estanterías de «Humor», nunca sabré cómo ni por qué, estaba Gertrude Stein, probablemente porque escribía cosas que parecían no tener sentido…

Bueno, puede que así fuera, y a menudo lo hacía, aunque por motivos que tenían mucho sentido, pero la *Autobiografía de Ali-*

ce B. Toklas es un libro fabuloso y un verdadero momento de ruptura en la literatura inglesa; del mismo modo que el *Orlando* (1928) de Virginia Woolf es una ruptura.

Woolf llamaba a su novela biografía y Stein escribió la autobiografía de otra persona. Ambas mujeres estaban derribando el espacio entre realidad y ficción: *Orlando* se valía del personaje real de Vita Sackville-West como protagonista y Stein usaba a su amante, Alice B. Toklas.

Por supuesto, Defoe definió *Robinson Crusoe* como una autobiografía (Stein lo menciona) y Charlotte Brontë tuvo que decir que *Jane Eyre* era una biografía, porque se suponía que las mujeres no podían andar inventándose cosas, sobre todo historias donde la moralidad fuera atrevida por no decir dudosa.

Pero Woolf y Stein fueron radicales para usar gente real en sus obras de ficción y para confundir sus hechos: *Orlando*, con las fotos reales de Vita Sackville-West, y Alice Toklas, la supuesta escritora, que es la amante de Stein pero no la escritora...

Para alguien como yo, fascinada con la identidad y con cómo te defines, esos libros resultaron cruciales. Leerse a uno mismo como ficción y realidad al mismo tiempo es el único modo de mantener la narración abierta, el único modo de evitar que la historia se escape por su propia inercia, con frecuencia hacia un final que nadie quiere.

La noche que me marché de casa sentí que me habían engañado, que me habían forzado a irme, y no por culpa de la señora Winterson, sino de la tétrica narrativa de nuestra vida juntas.

Su fatalismo era muy poderoso. Ella era su propio Agujero

Negro que absorbía toda la luz. Estaba hecha de materia oscura y su fuerza era invisible, no se veía más que sus efectos.

¿Qué habría significado ser feliz? ¿Qué habría significado que las cosas hubieran sido brillantes, claras, buenas entre nosotras?

Nunca fue una cuestión de biología, o de innato y adquirido. Ahora sé que nos curamos siendo amados y amando a los demás. No nos curamos formando una sociedad secreta de uno, obsesionándonos con el otro único «uno» al que admitiríamos, condenándonos a la decepción. La señora Winterson era su propia sociedad secreta y deseaba que yo me uniera a ella. Era una doctrina compulsiva y la estuve poniendo en práctica en mi propia vida durante mucho tiempo. Por supuesto, es la base del amor romántico: tú + yo contra el mundo. Un mundo en el que solo existimos los dos. Un mundo que en realidad no existe, aunque estamos en él. Y cuando uno de nosotros le falla al otro...

Y uno de nosotros siempre falla al otro.

Cuando me marché aquella noche ansiaba encontrar amor y fidelidad. Los grandes anhelos de mi naturaleza tenían que pasar por un estrecho cuello de botella, que conducía a la idea del «otro», el semigemelo, que sería tan cercano a mí pero sin ser yo. Una división platónica de un ser completo. Algún día nos encontraríamos, y entonces todo estaría bien.

Tenía que creer en eso, de otro modo, ¿cómo habría podido apañármelas? Y aun así me lanzaba de cabeza a las peligrosas pérdidas que exige el amor del «todo o nada».

Pero —y esto es importante— a los dieciséis años no tienes muchas opciones. Te vas con tu herencia.

Pero...

Siempre hay un comodín. Lo que yo tenía eran los libros. Lo que yo tenía, sobre todo, era el lenguaje que me permitían los libros. Un modo de hablar sobre la complejidad. Un modo de «mantener despierto el corazón al amor y la belleza» (Coleridge).

Estuve dando vueltas casi toda la noche, la noche que me marché de casa. La noche iba a cámara lenta, y las noches siempre son mucho más lentas que los días. El tiempo no es una constante y un minuto no dura lo mismo que otro.

Estaba en una noche que se prolongaba en mi vida entera. Me alejaba e intentaba alejarme de la oscura órbita de su depresión. Intentaba alejarme de la sombra que ella proyectaba. En realidad, no me dirigía a ningún sitio. Iba a estar lejos, libre, o eso me parecía, pero siempre lo llevas contigo. Cuesta mucho más abandonar el espacio psíquico que el físico.

Dormí en las gradas del campo de bolos entre las cuatro y las seis de la madrugada y me desperté congelada y entumecida bajo la luz nublada de octubre. Me acerqué al mercado y compré unos huevos fritos y té cargado, luego me fui al instituto con mis escasas pertenencias.

Los siguientes días fueron difíciles. El padre de Janey había decidido que yo no le gustaba —solía tener ese efecto en los padres de mis amigas— y por eso no podía dormir en la caravana. Estuve durmiendo en el destartalado y viejo Mini que estaba aprendiendo a conducir.

Era un Mini muy bueno, pertenecía a un chico loco de la iglesia cuyos padres eran muy mayores, poco religiosos y lo tenían muy mimado. Me dejaba usarlo porque ellos querían que su hijo tuviera su propio coche pero a él le daba pánico conducir.

Entre los dos lo condujimos hasta la casa de Janey y lo aparcamos a la vuelta de la esquina.

Solo se puede dormir en un coche si tienes un plan. El mío era sentarme en el asiento delantero a leer y comer, y tumbarme en el trasero para dormir. De ese modo sentía que tenía el control. Guardaba mis cosas en el maletero, y al cabo de unos días decidí empezar a conducir el Mini por la ciudad, aunque todavía no tenía el carné.

Trabajaba en el mercado empaquetando jerséis tres tardes por semana, y los sábados, de ocho de la mañana a seis de la tarde, en un puesto de frutas y verduras, así que tenía dinero suficiente para comida, gasolina y la lavandería.

Todos los sábados Janey y yo íbamos al cine, comíamos *fish and chips* y hacíamos el amor en el asiento trasero del Mini. Luego ella se iba a su casa y yo me acostaba leyendo a Nabokov con una linterna. No me hacía ninguna gracia haber llegado a la N.

No podía entender por qué un hombre encontraba tan desagradable el cuerpo de una mujer madura. Lo mejor de tener que ducharme en los baños públicos era que podía mirar a las mujeres. Me parecían hermosas, todas ellas. Eso en sí mismo era una reacción contra mi madre, que consideraba los cuerpos como algo feo y pecaminoso.

Mirar a las mujeres no era algo sexual para mí. Amaba a Janey y ella era sexual, pero mirar a las mujeres era un modo de mirarme a mí misma y, supongo, un modo de amarme. No sé cómo habrían sido las cosas si me hubieran gustado los hombres, pero no me gustaban. Algunos me agradaban pero no deseaba a ninguno. No entonces. Ahora tampoco.

Un día, cuando estaba en los últimos años de instituto y leíamos a Wilfred Owen y *Middlemarch* para el examen, me quejé de Nabokov. *Lolita* me resultaba desagradable. Era la primera vez que la literatura me parecía una traición. Le pregunté a la bibliotecaria —por lo general era de fiar— y me dijo que a ella tampoco le gustaba Nabokov y que muchas mujeres sentían lo mismo pero era mejor no decirlo en compañía mixta.

Los hombres te llamarían provinciana, me dijo, y le pregunté qué significaba eso, y me explicó que significaba alguien que venía de las provincias. Le pregunté si Accrington era las provincias, pero me dijo que no, que estaba más allá de las provincias.

Así que decidí preguntar a mis profesores.

Tenía dos profesores de inglés. El primero era un hombre salvaje y sexy que acabó casándose con una alumna en cuanto ella cumplió los dieciocho. Me dijo que Nabokov era fantástico y que algún día lo entendería. «Odia a las mujeres», le dije, sin darme cuenta de que aquello era el principio de mi feminismo.

«Odia en lo que se convierten las mujeres, que no es lo mismo —dijo el salvaje—. Ama a las mujeres hasta que se convierten en lo que se convierten.»

Después mantuvimos una discusión sobre Dorothea Brook de *Middlemarch* y la repugnante Rosamund, a la que prefieren todos los hombres, probablemente porque no se convirtió en lo que se convierten las mujeres…

La charla no nos llevó a ninguna parte y me fui a dar saltos en las camas elásticas con un par de chicas a las que no les importaba Dorothea Brook ni Lolita. Solo les gustaba dar saltos.

Hicimos tanto ruido en las camas elásticas que molestamos a la directora del departamento de lengua inglesa, la señora Ratlow.

La señora Ratlow era una mujer de mediana edad, redondeada como un gato de peluche. Tenía el cabello esponjoso y sombra de ojos de color morado. Llevaba trajes de poliéster rojo y blusas verdes con volantes. Era presumida, temible y ridícula a la vez, y siempre estábamos o riéndonos de ella o escondiéndonos de ella. Pero adoraba la literatura. Cada vez que decía «Shakespeare» inclinaba la cabeza y había cogido el autobús hacia Stratford-upon-Avon en 1970 para ver la legendaria producción de Peter Brook del *Sueño de una noche de verano* en un escenario blanco. Era una especie de Jean Brodie, supongo, aunque no lo suponía antes porque no había llegado hasta la S y, cuando llegué, no estaba Muriel Spark. Demasiado moderna para la literatura inglesa en prosa de la A a la Z.

Pero estaba la señora Ratlow. Viuda y con dos hijos adolescentes que le sacaban un par de cabezas y que siempre llegaban al instituto en medio de una lluvia de improperios de la señora Ratlow mientras entraba en el aparcamiento y sacaba con calzador a aquella pareja de gigantones de su diminuto Mini Riley Elf. Gritaba continuamente. Tomaba Valium en clase. Nos tiraba libros a la cabeza y amenazaba con matarnos. En aquella época todo eso todavía estaba permitido.

La señora Ratlow salió como un rayo del departamento de lengua inglesa, que por alguna estúpida razón estaba situado junto a la sala de las camas elásticas. Cuando dejó de gritarnos le dije que todo era por culpa de Nabokov y que tenía que pasar de la N.

—Pero si ya estás leyendo a Wilfred Owen.

—Lo sé, pero él es poesía. Yo me dedico a la literatura inglesa en prosa de la A a la Z. Hay una escritora llamada señora Oliphant...

La señora Ratlow sacó pecho, como un pichón.

—La señora Oliphant no es literatura. ¡No deberías leerla!

—No tengo otra opción. Está en la estantería.

—Explícate, muchacha —dijo la señora Ratlow, que ahora parecía mostrar interés pese a tener que corregir veinte redacciones sobre *Orgullo y prejuicio*.

Y así fue saliendo todo: la madre, el Mini, la biblioteca, los libros. La señora Ratlow guardaba silencio, algo muy inusual. Luego, dijo:

—Estás viviendo en un Mini y cuando no estás, de hecho, metida en el Mini, estás trabajando en el mercado para ganar dinero, o estás aquí en el instituto, o si no estás en la biblioteca pública de Accrington leyendo literatura inglesa en prosa de la A a la Z.

Sí, era un resumen bastante acertado de toda mi vida a excepción del sexo.

—Ahora he incluido la poesía —dije, explicándole lo de T. S. Eliot.

Me miraba como si fuera una escena de *El experimento del doctor Quatermass*, como si fuera un objeto previamente reconocible que se transformara delante de sus ojos. Entonces dijo:

—En mi casa tengo una habitación libre. Te pagas tu comida y nada de ruidos a partir de las diez. Te dejaré una llave.

—¿Una llave?

—Sí, es un aparato de metal que sirve para abrir puertas.

De nuevo yo tenía el estatus de imbécil para ella, pero no me importaba.

—Nunca he tenido una llave, solo la del Mini —dije.

—Debería ir a hablar con esa madre que tienes.

—¡No! —dije—. Por favor, no lo haga.

Me entregó la llave.

—No esperes que te traiga al instituto en coche. Mis chicos van en el asiento de atrás y mi bolso en el del copiloto. —Tras una pausa, añadió—: Nabokov puede que sea un gran escritor, o puede que no lo sea. No lo sé, ni me importa.

—¿Tengo que terminar *Lolita*?

—Sí. Pero no tienes que leer a la señora Oliphant. Este fin de semana hablaré con la bibliotecaria. De todos modos, ya sabes que no tienes por qué leer en orden alfabético.

Me disponía a decirle que tenía que tener un orden —como solo comer y leer en el asiento delantero del Mini y solo dormir en la parte de atrás—, pero me detuve, me detuve por completo, porque los saltos en las camas elásticas habían comenzado de nuevo y la señora Ratlow ya estaba abalanzándose sobre la tela sudada, elástica y resistente, gritando algo sobre Jane Austen.

Me fui a la biblioteca con la llavecita plateada en el bolsillo.

Ayudaba a la bibliotecaria a ordenar los libros, algo que me gustaba mucho porque me encantaba el peso de los libros y el modo en que encajaban en las estanterías. Me entregó una pila de ejemplares con la tira anaranjada y risueña del «Humor», y ahí fue cuando me fijé por primera vez en Gertrude Stein.

—Pensaba que ibas por la N —me dijo la bibliotecaria, que, como la mayoría de los bibliotecarios, creía en el orden alfabético.

—Así es, pero también echo un vistazo a otras cosas —dije—. Me lo ha aconsejado la profesora de inglés. Dice que la señora Oliphant no es literatura. Va a venir a hablar con usted de ese tema.

La bibliotecaria alzó las cejas.

—¿En serio? No digo que no esté de acuerdo con ella, pero, ¿podemos saltar de la N a la P? Sin embargo, hay dificultades con la letra O.

—También había dificultades con la N.

—Sí. La literatura inglesa, y quizá todas las literaturas, nunca es lo que esperamos. Y no siempre disfrutamos con ella. Yo misma tuve muchas dificultades con la letra C... Lewis Carroll. Joseph Conrad. Coleridge.

Siempre era un error discutir con la bibliotecaria, pero no pude evitarlo y empecé a recitar:

> *Sería una labor inútil,*
> *aunque siempre contemplase*
> *esa luz verde que perdura en el oeste;*
> *puede que no espere ganar de fuerzas externas*
> *la pasión y la vida, cuyas fuentes corren por dentro.*

La bibliotecaria me contempló y dijo:

—Eso es muy bonito.

—Es de Coleridge. «Abatimiento: una oda».

—Bueno, igual tengo que reconsiderar la letra C.

—¿Y yo tendré que reconsiderar la letra N?

—Mi consejo es este. Cuando eres joven y lees algo que te desagrada, déjalo a un lado y vuélvelo a leer tres años después. Y si todavía no te gusta, léelo otra vez pasados otros tres años. Y cuando ya no seas joven (cuando tengas cincuenta, como yo), vuelve a leer aquello que menos te gustó en tu vida.

—Será *Lolita*.

Sonrió, algo inusual en ella, y dije:

—¿Me salto a la señora Oliphant?

—Creo que sí…, aunque escribió un cuento de fantasmas muy bueno titulado *La puerta abierta*.

Cogí mi pila de libros para ordenar. La biblioteca estaba en silencio. Estaba concurrida, pero en silencio, y pensé que los monasterios serían algo parecido, un sitio donde tenías compañía y simpatía, pero tus pensamientos eran para ti. Alcé la vista y contemplé la enorme vidriera y la hermosa escalera de roble. Me encantaba aquel edificio.

La bibliotecaria estaba explicando a su ayudante las ventajas del sistema decimal de Dewey, unas ventajas que abarcaban todos los ámbitos de la vida. Era ordenado, como el universo. Seguía una lógica. Era fiable. Usarlo te permitía una especie de subida de moral, pues tu propio caos personal quedaba bajo control.

—Cada vez que estoy preocupada —decía la bibliotecaria—, pienso en el sistema decimal de Dewey.

—¿Y qué sucede? —preguntó el ayudante, bastante intimidado.

—Comprendo que el problema se debe a que algo ha sido archivado en el lugar equivocado. Es la misma explicación que daba Jung. El caos de nuestro componente inconsciente lucha por encontrar el lugar correcto en el archivo de la conciencia.

El ayudante permaneció en silencio. Yo pregunté:

—¿Quién es Jung?

—Eso no te interesa ahora —dijo la bibliotecaria—. De todos modos, no pertenece a la literatura inglesa de la A a la Z. Tendrías que ir a «Psicoanálisis», allí, entre «Psicología» y «Religión».

Miré. Las únicas personas que se acercaban a «Psicología» y «Religión» eran un hombre con coleta que llevaba una camiseta, muy sucia, en la que ponía EGO en una cara e ID en la otra, y un par de mujeres que pretendían ser brujas y estaban investigando sobre la Wicca en nuestros tiempos. Allí estaban los tres, pasándose notitas porque no les estaba permitido hablar. Jung podía esperar.

—¿Quién era Gertrude Stein?

—Una modernista. Escribía sin preocuparse por el significado.

—¿Por eso se la clasifica en «Humor», como Spike Milligan?

—Dentro del sistema decimal de Dewey hay cierto grado de albedrío. Es otro de sus puntos fuertes. Nos salva de la confusión, pero nos otorga libertad de pensamiento. Mi predecesor habrá sentido que Gertrude Stein era una modernista muy moderna para la literatura inglesa de la A a la Z y, de cualquier modo, aunque escribía en inglés, o algo parecido, era americana y vivía en París. Ya está muerta.

Me llevé la *Autobiografía de Alice B. Toklas* de vuelta al Mini y conduje hasta casa de la señora Ratlow. Tardé un rato en entrar. Oía cómo les gritaba a sus hijos.

Mire por la ventana de la cocina de su vivienda pequeña y cuidada; no era un adosado como los de Water Street, sino casi una cabaña que por detrás daba a los campos. Los gigantones que tenía por hijos estaban cenando y la señora Ratlow planchaba y leía a Shakespeare en un atril de orquesta colocado junto a la tabla de planchar. Se había quitado la chaqueta de poliéster y llevaba una blusa de nailon británico de manga corta. Sus brazos eran gordos y rollizos. Su pecho estaba arrugado, caído, carnoso y colorado. Era todo lo que Nabokov despreciaba.

Sus ojos brillaban mientras leía a Shakespeare y cada vez que terminaba de planchar una de las gigantescas camisas, se detenía, pasaba una página, colgaba la camisa y cogía otra del montón.

Llevaba unas zapatillas de felpa, rosas sobre el linóleo blanco y negro.

Me daba una oportunidad. El invierno se acercaba y se pasaba frío durmiendo en el Mini, la condensación después de una noche respirando hacía que me despertara cubierta de gotitas de agua, como una hoja por la mañana.

No tenía ni idea de si lo que hacía era lo correcto. Hablaba conmigo misma todo el rato, en voz alta, debatiendo conmigo misma mi situación. En cierto modo tenía suerte porque nuestra iglesia siempre subrayó lo importante que es concentrarse en las cosas buenas —las bendiciones— y no solo en las malas. Eso era lo que hacía por las noches cuando me acurrucaba en mi saco de dormir. Había cosas muy buenas; estaba Janey y estaban mis libros. Marcharme de casa significaba que podía conservarlos a los dos sin miedo.

Saqué la llave y llamé al timbre por cortesía. Uno de los gigantones abrió la puerta. La señora Ratlow salió.

—Vosotros dos, ayudadla con sus cosas. ¿Es que tengo que hacerlo yo todo?

Tenía una diminuta habitación que daba a los campos de atrás. Puse mis libros en montones y doblé mi ropa; tres pantalones vaqueros, dos pares de zapatos, cuatro jerséis, cuatro camisas y bragas y calcetines para una semana. Y una trenca.

—¿Eso es todo?

—También tengo un abrelatas y unos platos y un camping-gas y una toalla y un saco de dormir, pero se pueden quedar en el coche.

—Necesitarás una bolsa de agua para la cama.

—Tengo una y una linterna y champú.

—Perfecto entonces. Prepárate una tostada de mermelada y vete a la cama.

Me observó mientras sacaba a Gertrude Stein.

—S —dijo.

Gertrude y Alice viven en París. Ayudan en la Cruz Roja durante la guerra. Conducen un Ford biplaza que se han traído de Estados Unidos. A Gertrude le gusta conducir pero se niega a dar marcha atrás. Solo avanzará hacia delante porque dice que la única meta del siglo XX es el progreso.

Lo otro que Gertrude no hará es consultar el mapa. Alice Toklas mira el mapa y Gertrude a veces le presta atención y a veces no.

Está anocheciendo. Explotan bombas. Alice pierde la paciencia. Tira el mapa y le grita a Gertrude: «¡NOS HEMOS EQUIVOCADO DE CAMINO!».

Gertrude sigue conduciendo y dice: «Correcto o equivocado, este es el camino y en él estamos».

10

Este es el camino

Decidí solicitar una plaza para estudiar filología inglesa en la Universidad de Oxford porque era lo más imposible que podía hacer. No conocía a nadie que hubiera ido a la universidad y aunque a las chicas listas las animaban a estudiar magisterio o pasar los exámenes de contabilidad, Oxford o Cambridge no estaban en la lista de cosas que hay que hacer antes de morirte.

La Ley de Igualdad Salarial entró en vigor en Gran Bretaña en 1970, pero no conocía a ninguna mujer que recibiera un salario paritario, ni que creyera que debía recibirlo.

En el norte industrial de Inglaterra, donde los trabajos tradicionales eran duros —trabajo en fábricas, talleres y la vida en las minas—, trabajo pesado, trabajo cualificado, los hombres detentaban el poder económico.

Las mujeres se encargaban de la familia y de la comunidad, pero la invisibilidad de la contribución de las mujeres, que ni se medía, ni se pagaba, ni era recompensada socialmente, significaba que mi mundo estaba lleno de mujeres fuertes y capaces que eran «amas de casa» y tenían que depender de sus maridos. Mi madre lo hacía con mi padre. Ella sentía desprecio por él (y eso no era justo), pero le llamaba el cabeza de familia (y eso no era cierto). Ese esquema doméstico/marital se repetía allá donde mirara.

Conocía a pocas mujeres que tuvieran un empleo profesional o un cargo directivo, y las que lo tenían estaban solteras. Casi todas mis profesoras del colegio eran solteras. La señora Ratlow era viuda, y era la directora del departamento de lengua inglesa, pero también se encargaba de cocinar y limpiar para sus dos hijos y nunca se tomaba vacaciones porque decía —y jamás se me olvidará—: «Cuando una mujer sola ya no despierta el interés del sexo opuesto, solo resulta visible donde sirve para algo».

Es una gran cita, y debería haberla convertido en una feminista, pero ella no tenía tiempo para el feminismo como movimiento. Adoraba a los hombres, aunque la falta de uno a su lado la convertía en invisible ante sus propios ojos, el lugar más triste entre lugares invisibles que puede ocupar una mujer. Germaine Greer publicó *El eunuco femenino* en 1970, pero ninguna de nosotras lo había leído.

No éramos sofisticadas. Éramos norteñas. No vivíamos en una gran ciudad como Manchester y el feminismo parecía no habernos llegado.

La expresión «hacha de guerra» se ha usado desde siempre tanto a favor como en contra de las duras mujeres proletarias del norte. Esta afilada metáfora también taló nuestra identidad. Las norteñas eran duras, y como tales se las consideraba en el hogar y en la comedia popular —todas las postales humorísticas eran dibujos de hombrecillos enclenques junto a mujeronas dominantes—, y en los alcohólicos clubes de trabajadores había numeritos cómicos al estilo Les Dawson con pañuelo a la cabeza y delantal, parodiando, pero también celebrando, a las formidables mujeres que los hombres amaban, temían y de las que dependían. Aunque aquellas mujeres que se suponía que esperaban en la puerta de casa rodillo en mano para zurrar a sus hombres no tenían ninguna influencia económica. Y cuando la tenían, la ocultaban.

Las mujeres que conocí que llevaban sus propios negocios, como el puesto del mercado en el que trabajaba, o la tienda de *fish and chips* que me proporcionaba la mayoría de mis comidas, fingían que era la empresa de su marido y que ellas solo trabajaban allí.

Cuando nos dieron la única clase de educación sexual en el colegio, no nos hablaron de sexo para nada, sino de economía sexual. Teníamos que pagar nuestras cosas, pues eso se consideraba lo moderno, pero teníamos que dar el dinero al chico de antemano, para que pareciera que pagaba él. Solo hablábamos de billetes de autobús y entradas para el cine, pero más adelante, cuando manejáramos el presupuesto del hogar, tendríamos que asegurarnos de que él sabía que todo era suyo. Orgullo masculino, creo que lo llamó el profesor. Me pareció la cosa más estúpida que había oído en la vida; la teoría de que la tierra es plana aplicada a las relaciones sociales.

Las únicas mujeres que disfrutaban de la vida que ellas querían sin tener que fingir socialmente eran la pareja de la tienda de dulces, pero ellas tenían que fingir sexualmente y no podían declararse abiertamente homosexuales. La gente se reía de ellas, y una llevaba pasamontañas.

Yo era una mujer. Yo era una mujer de clase trabajadora. Yo era una mujer que quería amar a las mujeres sin culpabilidad ni burlas. Esas tres ideas formaban la base de mi pensamiento político, no los sindicatos ni la lucha de clases tal y como la entendía la izquierda masculina.

A la izquierda le ha costado bastante incluir por completo a las mujeres como independientes y como iguales, y dejar de encasillar la sexualidad femenina como una respuesta al deseo masculino. Me sentía incómoda y marginada con lo que conocía del izquierdismo. Y no andaba buscando una mejora en mis condiciones de vida. Quería cambiar mi vida de modo radical.

A finales de los setenta apareció Margaret Thatcher, hablando sobre una nueva cultura del riesgo y el beneficio, en la que podrías lograr cosas, podrías ser lo que quisieras, si trabajabas lo bastante duro y estabas dispuesta a abandonar la tradicional red de seguridad.

Yo ya me había ido de casa. Yo ya estaba trabajando por las tardes y los fines de semana para poder estudiar. No tenía una red de seguridad.

Me parecía que Thatcher ofrecía mejores respuestas que los varones de clase media que representaban al partido laborista y que esos trabajadores que hacían campaña por un salario «familiar» y querían que sus mujeres se quedaran en casa.

Yo no sentía respeto por la vida familiar. No tenía un hogar. Tenía furia y arrojo. Era lista. Estaba desconectada emocionalmente. No comprendía las políticas de género. Era el prototipo ideal para la revolución Reagan/Thatcher.

Me presenté al examen de acceso a Oxford, preparada por la señora Ratlow, conseguí una entrevista y me compré un billete de autobús para Oxford.

Había solicitado una plaza en Saint Catherine, porque tenía un aire nuevo y moderno, porque era un colegio mixto y porque se formó a partir de la Sociedad Saint Catherine, una especie de triste satélite de los colegios oficiales de Oxford, fundado para los estudiantes demasiado pobres que no podían asistir a Oxford como es debido.

Pero ahora sí era un colegio de Oxford como es debido. Y tal vez yo podría ir allí.

Bajé del autobús en Oxford y pregunté cómo llegar a Saint Catherine. Me sentía como Jude el Oscuro en la novela de Thomas Hardy y estaba decidida a no ahorcarme.

No tenía ni idea de que pudiera existir una ciudad tan hermosa, o lugares como los colegios, con sus patios y céspedes, y esa sensación de calma activa que todavía me resulta tan seductora.

Me habían ofrecido alojamiento y el colegio se encargaba de las comidas, pero me intimidaba demasiado la confianza en sí mismos de los demás candidatos para entrar y comer con ellos.

No fui capaz de hablar con claridad durante las entrevistas porque por primera vez en mi vida sentía que no vestía bien y no hablaba bien. Los demás parecían muy relajados, aunque estoy convencida de que no lo estaban. Pero tenían mejor ropa y otro acento. Sabía que no estaba siendo yo misma, pero no sabía cómo ser yo misma en aquel lugar. Escondí mi propio yo y no encontré otra personalidad para ocupar mi lugar. Unas semanas más tarde me enteré de que no me concedían la plaza.

Estaba desesperada. La señora Ratlow dijo que tendríamos que considerar otras opciones; para mí no había otras opciones. No me interesaban las opciones, solo me interesaba Oxford.

Así que elaboré un plan.

Por fin me había sacado el carné de conducir. Vendí el Mini que en realidad no era mío y me compré un Hillman Imp con permiso de circulación que me costó cuarenta libras. Las puertas estaban rotas pero tenía un buen motor. Siempre y cuando estuvieras preparada para colarte por la ventanilla trasera abatible podías recorrer una buena distancia.

Janey dijo que me acompañaría, así que cogimos mi tienda de campaña y salimos hacia Oxford, circulando a cincuenta millas por hora, la velocidad máxima del Imp, con frecuentes paradas para echar gasolina, aceite, agua y líquido de frenos. Llevábamos dos huevos por si el radiador perdía agua. En aquellos días era muy fácil arreglar un radiador echándole un huevo roto, al igual que se podía remplazar la correa del ventilador por unas medias de nailon, o un cable del embrague partido con un par de tornillos y una lata de refresco (se hacen un par de agujeros a ambos extremos de la lata, se atan los tornillos a los extremos del cable roto y se meten los tornillos y el cable por los agujeros de la lata. Descubrirás que, con un poco de ruido, ya puedes pisar el embrague).

La familia de Janey tenía una guía de campings y encontramos uno barato en un club de golf a las afueras de Oxford.

Nos costó nueve horas llegar, pero nos tomamos nuestras judías con beicon y éramos felices.

Al día siguiente tenía una cita con el tutor y uno de los decanos de filología inglesa, el otro, por suerte para mí, estaba fuera.

De nuevo sufrí el problema de no ser capaz de hablar y comencé a balbucir como… Sometida a tensión soy una mezcla entre Billy Budd y el burro de *Shrek*. Extendí las manos desesperada y vi que las palmas estaban cubiertas de aceite. El Imp tenía una fuga.

No me quedaba más que explicar a la velocidad del burro de *Shrek* la historia del Hillman Imp y la tienda de campaña y el puesto del mercado en el que trabajaba y algunas cosas sobre el Apocalipsis, la señora Winterson y la literatura inglesa en prosa de la A a la Z…

Tenían una carta de la señora Ratlow abierta sobre la mesa. No sé lo que les decía, pero se mencionaba a la señora Oliphant.

—Quiero ser mejor escritora que ella.

—Eso no será muy difícil, aunque escribió un cuento de fantasmas muy bueno titulado…

—«La puerta abierta». Lo he leído. Es aterrador.

Por algún motivo, la señora Oliphant estaba de mi lado.

El tutor me explicó que Saint Catherine era un colegio progresista, fundado en 1962, interesado en integrar alumnos de las escuelas públicas y uno de los pocos colegios mixtos.

—Benazir Bhutto está aquí. Margaret Thatcher estudió química aquí, en Saint Hilda, como bien sabrás.

No lo sabía, y tampoco sabía quién era Benazir Bhutto.

—¿Te gustaría que hubiera una mujer primera ministra?

Sí… En Accrington las mujeres solo pueden ser esposas o maestras o peluqueras o secretarias o trabajar en una tienda.

—Bueno, también pueden ser bibliotecarias, y pensé en dedicarme a eso, pero quiero escribir mis propios libros.

—¿Qué tipo de libros?

—No lo sé. Escribo sin parar.

—Como casi todos los jóvenes.

—No, en Accrington, no.

Hubo una pausa. Luego, el decano de filología inglesa me preguntó si pensaba que las mujeres podían ser grandes escritoras. La pregunta me sorprendió. Nunca se me había pasado por la cabeza.

—Es cierto que la mayoría están al principio del alfabeto: Austen, Brontë, Eliot…

—Por supuesto, aquí estudiamos a esas autoras. Virginia Woolf no entra en nuestro plan de estudios aunque te resultará interesante. Sin embargo, comparadas con James Joyce…

Fue una introducción razonable a los prejuicios y placeres de una carrera en Oxford.

Me marché de Saint Catherine y recorrí Holywell Street hasta la librería Blackwell. Nunca había visto una tienda con cinco plantas llenas de libros. Me entraron mareos, como si hubiera recibido demasiado oxígeno de repente. Pensé en las mujeres. Todos esos libros y cuánto había costado a las mujeres ser capaces de escribir su parte y, ¿por qué todavía había tan pocas mujeres poetisas y novelistas, y muchas menos que fueran consideradas importantes?

Estaba muy emocionada, muy esperanzada, y también preocupada, por lo que me habían dicho. Como mujer, ¿tendría que conformarme con ser espectadora y no participante? ¿Podía estudiar algo que no tenía esperanzas de alcanzar? Lo alcanzara o no, tenía que intentarlo.

Más adelante, cuando tuve éxito pero me acusaban de arrogancia, quería arrastrar a todo periodista que no me entendía a aquel lugar y hacerle ver que, para una mujer de clase trabajadora, aspirar a ser escritora, aspirar a ser una buena escritora y creer que eras lo bastante buena no era arrogancia, era política.

Sucediera aquel día lo que sucediese, funcionó; me dieron una plaza, un año después.

Y eso me conduce directamente a Margaret Thatcher y las elecciones de 1979. Thatcher tenía vigor y argumentos, y sabía lo que costaba una barra de pan. Era una mujer, y eso me hacía sentir que yo también podía triunfar. Si la hija de un tendero podía llegar a primera ministra, entonces una chica como yo podía escribir un libro que acabara en las estanterías de la sección de literatura inglesa en prosa de la A a la Z.

Voté por ella.

Hoy es un tópico decir que Thatcher transformó dos partidos políticos: el suyo y la oposición laborista de izquierdas. Pero no se recuerda tanto que Reagan en Estados Unidos y Thatcher en el Reino Unido rompieron para siempre el consenso de posguerra, un consenso que había durado más de treinta años.

Retrocedamos a 1945 y, fueras de izquierdas o de derechas, en Gran Bretaña o en la Europa occidental, la reconstrucción de las sociedades tras la guerra no podía llevarse a cabo usando las caducas y desacreditadas teorías neoliberales del libre mercado: desregulación laboral, precios inestables, falta de atención a los enfermos, los ancianos o los desempleados. Íbamos a necesitar vivienda, muchos empleos, un Estado del bienestar, nacionalización de los servicios públicos y el transporte.

Fue un auténtico avance de la conciencia humana hacia una responsabilidad colectiva; darse cuenta de que no solo le debíamos algo a nuestra bandera o nuestro país, a nuestros hijos o nuestras familias, sino a los demás. Sociedad. Civilización. Cultura.

Este avance de la conciencia no surgió de valores victorianos ni filantrópicos, tampoco emergió de las corrientes políticas de derechas; surgió de las lecciones prácticas de la guerra y —y esto es importante— de los argumentos superiores del socialismo.

El retroceso de la economía británica en los años setenta, la intervención del FMI en nuestro país, los precios disparados del petróleo, la decisión de Nixon de reflotar el dólar, las disputas por el control de los sindicatos y una especie de duda existencial en la izquierda permitieron en los años ochenta a la derecha de Reagan y Thatcher derribar los molestos argumentos sobre una sociedad justa e igualitaria. Íbamos a seguir a Milton Friedman y sus muchachos de la Escuela de Economía de Chicago, de vuelta al antiguo *laissez-faire* del libre mercado, adornado como una nueva tabla de salvación.

Bienvenida sea la TINA.* No hay alternativa.

En 1988, Nigel Lawson, ministro de Hacienda de Thatcher, definió el consenso de posguerra como el «engaño de posguerra».

No fui consciente de que cuando el dinero se convierte en el valor supremo la educación se orienta hacia lo práctico y la vida intelectual no se considera buena a no ser que produzca resultados medibles. Que los servicios públicos dejan de ser importantes. Que una vida alternativa de gasto y consumo será muy difícil si desaparece la vivienda barata. Que cuando se destruyen las comunidades solo queda miseria e intolerancia.

No sabía que el thatcherismo basaría su milagro económico en vender todos nuestros recursos e industrias públicas.

---

* Acrónimo de una conocida frase de Margaret Thatcher: *There Is No Alternative. (N. del T.)*

No me daba cuenta de las consecuencias de privatizar la sociedad.

Conduzco bajo el viaducto y paso por las fábricas. Al pasar por la iglesia pentecostal de Elim veo a mi padre salir con el mono puesto. Ha estado pintando. Levanto el pie del acelerador y estoy a punto de detenerme. Quiero despedirme, pero no lo hago porque no puedo. ¿Me habrá visto? No lo sé. Miro por el espejo retrovisor. Él vuelve a casa. Yo me marcho.

Ya estoy fuera, atravieso Oswaldtwistle, paso por la fábrica de galletas para perros. Hay algunos niños esperando en la puerta trasera para recoger los trozos rotos de galletas rosas y verdes con forma de hueso. Solo uno de ellos lleva un perro.

Voy en mi furgoneta Morris Minor —sucesora del Hillman Imp—, cargada con una bicicleta y un baúl de libros, una pequeña maleta con ropa, una bolsa con bocadillos de sardinas y veinte galones de gasolina en latas porque nadie me dijo que se podía comprar gasolina en la autopista. Como la dinamo del Minor va un poco mal, no me atrevo a apagar el motor, así que tengo que pararme en el arcén de la autopista, bajarme corriendo, llenar el depósito y seguir adelante. No me importa.

Voy a Oxford.

11

Arte y mentiras

En nuestra primera tarde como universitarias, nuestro tutor se volvió hacia mí y dijo: «Tú eres el experimento proletario». Luego se volvió hacia la mujer que se iba a convertir en, y sigue siéndolo, mi mejor amiga y dijo: «Tú eres el experimento negro».

Pronto nos dimos cuenta de que nuestro tutor era un homosexual malévolo y que las cinco mujeres de nuestro curso no íbamos a recibir ninguna enseñanza. Tendríamos que educarnos nosotras solas.

En cierto sentido no importaba. Los libros estaban por todas partes y lo único que teníamos que hacer era leerlos —empezando con *Beowulf* y terminando con Beckett—, sin preocuparnos porque aparentemente solo hubiera cuatro mujeres novelistas —las Brontë, que siempre iban juntas, George Eliot, Jane Austen— y una mujer poeta, Christina Rossetti. No es una gran poetisa, al contrario que Emily Dickinson, pero nadie iba a hablarnos de las grandes mujeres. Oxford no era un pacto de silencio en lo que a las mujeres se refiere; era un pacto de ignorancia. Formamos nuestro propio grupo de lectura, que pronto incluyó a escritores contemporáneos —mujeres y hombres— y feminismo. De repente estaba leyendo a Doris Lessing y Toni Morrison, a Kate Millet y Adrienne Rich. Eran como una nueva Biblia.

Sin embargo, a pesar de su sexismo, esnobismo, actitudes patriarcales e indiferencia por el bienestar del alumno, lo bueno de Oxford era la seriedad de sus objetivos y la creencia incuestionable de que la vida del intelecto constituía el centro de la vida civilizada.

Aunque nuestro tutor nos denigrara y nos menospreciara, por el único motivo de ser mujeres, nos apoyábamos tácitamente en el espíritu de la universidad, acorde con nuestra pasión por la lectura, el pensamiento, el conocimiento y la discusión.

Eso era muy importante para mí. Era como vivir en una biblioteca, y ese era el lugar en el que siempre había sido más feliz.

Cuanto más leía, más luchaba contra la presunción de que la literatura es para una minoría de una determinada cultura o clase. Los libros también eran míos por derecho de nacimiento. Jamás olvidaré la emoción que sentí al descubrir que el poema más antiguo conservado en inglés fue compuesto por un pastor en Whitby alrededor del año 680 (el «Himno de Caedmon») siendo santa Hilda la abadesa de la abadía de Whitby.

Imagináoslo…, una mujer al mando y un pastor de vacas analfabeto haciendo un poema de tal belleza que los cultivados monjes lo escribieron y se lo contaban a visitantes y peregrinos.

Es una historia preciosa: Caedmon prefiere la compañía de las vacas a la de las personas, y no sabe nada de poesía ni de canciones, por eso al final de los banquetes en la abadía, cuando se invita a todo el mundo a cantar o recitar, Caedmon siempre se retira junto a las vacas donde puede estar solo. Pero aquella noche se presenta un ángel y le pide que cante: si puede cantar para las vacas, puede cantar para el ángel. Caedmon dice con tristeza que no conoce ninguna canción, pero el ángel le dice que cante una de todos modos, sobre la creación del mundo. Y Caedmon abre la boca y ahí sale la canción. (Echad un vistazo a un temprano relato de esta historia en Bede: *History of the English Church and Peoples*).

Cuanto más leía, más unida me sentía a través del tiempo con otras vidas y mis afinidades eran más profundas. Me sentía menos aislada. No estaba flotando en mi barquito en el presente; había puentes que llevaban a tierra firme. Sí, el pasado es otro país, un país que podemos visitar y una vez allí podemos llevarnos las cosas que necesitamos.

La literatura es un suelo común. Es un suelo que no está dominado por intereses comerciales ni es una mina a cielo abierto como la cultura popular; explota esta novedad y luego sigue adelante.

Se habla mucho del mundo domesticado frente al mundo salvaje. Como seres humanos, no solo necesitamos una naturaleza salvaje; necesitamos el espacio abierto e indómito de nuestra imaginación.

En la lectura es donde está lo salvaje.

Al final de mi primer trimestre en Oxford leíamos los *Cuatro cuartetos* de T. S. Eliot.

Sobre el árbol móvil nos movemos,
en luz sobre la hoja figurada
y oímos en el suelo empapado
de abajo al perro y al jabalí,
que siguen su pauta como antes,
pero reconciliados entre las estrellas.

Yo pensaba en la pauta; el pasado es tan difícil de cambiar. Nos acompaña como una carabina, interponiéndose entre nosotros y la novedad del presente, la nueva oportunidad.

Me preguntaba si el pasado se podría redimir —se podría «reconciliar»—, si las viejas guerras, los viejos enemigos, el perro y el jabalí, serían capaces de alcanzar alguna forma de paz.

Me hacía estas preguntas porque estaba pensando en visitar a la señora Winterson.

Que pueda existir un nivel al que podamos llegar por encima de los conflictos cotidianos es algo muy tentador. Jung sostiene que un conflicto jamás se puede resolver al nivel en el que surge; en ese nivel solo existen un ganador y un perdedor, no una reconciliación. Hay que situarse por encima del conflicto, como si asistiéramos a una tormenta desde arriba.

Y también hay un pasaje precioso, al final del *Troilo y Crésida* de Chaucer, en el que Troilo, vencido y muerto, asciende a la Séptima Esfera y mira hacia abajo al mundo sublunar, el nuestro, y se ríe al darse cuenta de lo absurdo que es todo: las cosas que tanto significan, las enemistades con las que cargamos, irreconciliables.

A la mente medieval le encantaba la idea de la mutabilidad y de que todo sucedía de un modo caótico e incomprensible bajo la esfera de la luna. Cuando miramos el cielo y las estrellas nos imaginamos que estamos mirando hacia fuera, al universo. La mente medieval se imaginaba que miraba hacia dentro —que la tierra era una sórdida avanzadilla, el cubo de la basura cósmica de la señora Winterson— y que el centro era —bueno, en el centro estaba— el núcleo del orden de Dios que procede del amor.

Me gustaba que ese orden procediera del amor.

Comprendí, de un modo muy sutil, que necesitaría encontrar el lugar en el que mi propia vida pudiera reconciliarse con ella misma. Y sabía que eso tenía algo que ver con el amor.

Escribí a la señora Winterson para preguntarle si le gustaría que volviese a pasar las vacaciones de Navidad con ellos, y, ¿podía traer a una amiga? Sí, dijo, algo inusual.

No me preguntó lo que había estado haciendo desde la última vez que nos vimos, ninguna mención a feliz/normal, o a marcharme de casa, o a ir a Oxford. No intenté explicárselo. A ninguna nos pareció extraño porque en el mundo Winterson no era extraño.

Ahí estaba ella con su nuevo órgano eléctrico y su equipo casero de radioaficionada y con unos auriculares del tamaño de los artilugios para detectar vida extraterrestre.

Ahí estaba yo con mi amiga Vicky Licorish. Ya había advertido a la señora W de que era negra.

Aquello fue un gran éxito de entrada porque a la señora Winterson le encantaba el trabajo misionero y debió de pensar que el hecho de que mi mejor amiga fuera negra era una especie de empresa misionera por sí sola. Fue a ver a veteranos de África y les preguntó: «¿Qué comen allí?».

La respuesta fue piñas. No sé por qué. ¿Hay piñas en África? En cualquier caso la familia de Vicky era de Santa Lucía.

La señora Winterson no era racista. La suya era una especie de tolerancia misionera, y como tal era condescendiente, pero no escucharía una injuria contra nadie basada en el color o la etnia.

Aquello era algo raro en un tiempo en el que los paquistaníes habían empezado a llegar en número considerable a las ciudades obreras blancas en las que comenzaba a escasear el trabajo. Entonces, como ahora, nadie hablaba del legado del Imperio. Gran Bretaña había colonizado, poseído, ocupado o intervenido en medio mundo. Habíamos dividido algunos países y creado otros. Cuando una parte del mundo que habíamos hecho a la fuerza quería algo a cambio, nos indignábamos.

Pero la iglesia de Elim recibía a todo el mundo y nos habían enseñado a hacer un esfuerzo con «nuestros amigos de la otra orilla».

Cuando Vicky y yo llegamos a Accrington, la señora Winterson le dio a Vicky una manta que había tejido para que no pasara frío. «Ellos sienten el frío», me dijo.

La señora Winterson era una obsesiva y se había pasado casi un año haciendo punto para Jesús. El árbol de Navidad tenía adornos de punto y el perro estaba embutido en un jersey navideño de lana roja con blancos copos de nieve. Había un belén de punto y todos los pastores llevaban bufanda porque esto era Belén en la línea de autobús de Accrington.

Mi padre nos abrió la puerta vistiendo un chaleco nuevo de punto y una corbata de punto a juego. Toda la casa había sido recosida.

No importaba. No había rastro del revólver. La señora W llevaba puestos sus mejores dientes.

—Vicky —dijo—, siéntate. Te he preparado una tostada de queso con piña.

Vicky pensó que se trataba de alguna especialidad de Lancashire.

Al día siguiente había jamón dulce con piña seguido de trozos de piña en almíbar. Después había buñuelos de piña, bizcocho de piña y nata, pollo chino con piña y pinchos de piña con queso Cheddar puestos sobre medio repollo y envueltos en papel de aluminio.

Finalmente Vicky dijo:

—No me gusta la piña.

Aquello fue un terrible error. El humor de la señora Winterson cambió al instante. Anunció que la siguiente comida serían hamburguesas. Dijimos que bien, pero que íbamos a salir esa noche a tomar unas gambas con patatas fritas en el pub.

A eso de las diez volvimos a casa y encontramos a la señora Winterson, muy seria, junto al horno. Olía espantosamente a quemado y a aceite y a grasa y a carne.

En la diminuta cocina adosada la señora Winterson daba vueltas mecánicamente a unas cosas negras del tamaño de botones.

—Llevo cocinando estas hamburguesas desde las seis en punto —dijo.

—Pero sabías que íbamos a salir.

—Vosotras sabíais que iba a preparar hamburguesas.

No sabíamos qué hacer, así que nos acostamos: Vicky en el piso de arriba y yo en el salón en una colchoneta hinchable. A la mañana siguiente a la hora del desayuno la mesa estaba puesta. En medio había una pirámide de latas de piña sin abrir y una postal victoriana de dos gatitos sobre sus patas traseras, vestidos como señor y señora. La leyenda era: «Nadie nos quiere».

Mientras dudábamos entre si echar a correr hacia el trabajo o arriesgarnos a preparar tostadas, apareció de repente la señora Winterson, agarró la postal y la volvió a dejar sobre la mesa.

—Somos tu padre y yo —dijo.

Vicky y yo estuvimos trabajando en el hospital psiquiátrico durante las navidades; la enorme mole victoriana en la que viví y trabajé durante mi año libre. Estaba dispuesto en un terreno inmenso, con su propio camión de bomberos y club social. Era el hogar de los trastornados, los peligrosos, los tarados y los malditos. Algunos de los internos más mayores habían sido encerrados por tener un bebé, o por intentar matar a un bebé, y algunos habían sido encerrados con sus bebés. Era un mundo extraño, a la vez solitario y social.

Me gustaba trabajar allí, limpiando los pabellones de vómitos y mierda, y sirviendo comidas en gigantescas bandejas de latón. Hacía turnos de doce horas. Puede que la inmensa locura calmara mis propios trastornos. Sentía compasión. Y me sentía afortunada. Es fácil volverse loco.

Lo único que odiaba era el carrito de las medicinas. A los internos se los sedaba y se les administraba tranquilizantes; las jeringuillas parecen más humanas que las celdas acolchadas y las camisas de fuerza, pero yo no lo tengo tan claro. Los pabellones olían a Valium y Largactil, este último es el que hace que se te pudran los dientes.

Vicky y yo íbamos a trabajar allí y volvíamos, intentando no pensar en que en la casa de Water Street había un ambiente más desquiciado que en el trabajo. La casa se ensombrecía y resquebrajaba, como algo salido de Poe. Los adornos navideños y las lucecitas de colores estaban puestos, pero eso solo lo hacía más aterrador.

Durante casi una semana, la señora Winterson no nos habló. Luego, una noche volvimos a casa, estaba nevando y había gente cantando villancicos en la calle. Comprendí que en nuestra casa había la reunión de la iglesia.

La señora Winterson estaba de buen humor. Llevaba un bonito vestido y cuando Vicky y yo llegamos nos saludó con entusiasmo.

—Voy a pasar el carruaje de la cena. ¿Queréis un trozo de pastel?

—¿Qué es el carruaje de la cena? —preguntó Vicky, pensando en diligencias y tiroteos.

—Para los norteños, es una mesita de servir —dije, mientras la señora Winterson recorría a toda velocidad el salón cargada con pastelitos en su instrumento calentador.

En ese momento un grupo rival de cantores de villancicos —seguramente del Ejército de Salvación— se presentó a la puerta de casa, pero la señora W no estaba dispuesta a tolerarlo. Abrió la puerta y gritó:

—Jesús está aquí. ¡Marchaos!

—Has sido un poco brusca, mamá.

—He tenido que aguantar mucho —dijo, lanzándome una mirada acusadora—. Ya sé que la Biblia nos enseña a poner la otra mejilla, pero son demasiadas mejillas en un mismo día.

Vicky estaba en apuros. Justo antes de Navidad subió a acostarse y vió que la funda de su almohada no contenía almohada alguna; estaba rellena con panfletos religiosos sobre el Apocalipsis. Empezaba a descubrir cómo era vivir en el Fin de los Tiempos.

—Las cosas son duras para ti en tu tierra —le dijo la señora Winterson.

—Nací en Luton —dijo Vicky.

Pero las cosas eran duras para ella. Eran duras para cualquiera. Las guirnaldas que colgaban del techo me empezaron a parecer los grilletes de un demente.

Mi padre se pasaba casi todo el tiempo encerrado en el cobertizo del patio preparando una obra para la iglesia. Supongo que era una especie de retablo evangélico. El pastor quería algo para la catequesis que sirviera para decorar la iglesia sin que pareciera una imagen católica prohibida en el Éxodo.

A papá le encantaba hacer figuritas de arcilla y pintarlas. Iba por la figura número seis.

—¿Qué es? —le preguntó Vicky.

Eran los siete enanitos salvados: Blancanieves no estaba, seguramente debido a que se parecía demasiado a esa herejía católica de la Virgen María. Los enanitos tenían unas placas con sus nombres: Esperanzado, Fiel, Alegre, Piadoso, Digno, Dispuesto y Servicial.

Papá pintaba en silencio.

—Tu madre está enfadada —dijo.

Ambos sabíamos lo que eso significaba.

En la cocina, la señora Winterson hacía natillas. Revolvía la cazuela obsesivamente como quien mezcla las oscuras aguas del abismo. Cuando entramos y pasamos a su lado procedentes del patio, dijo, sin levantar la vista de la cazuela:

—Pecado. Eso es lo que lo estropea todo.

Vicky no estaba acostumbrada a un estilo de conversación con pausas de silencio que duraban días y repentinos anuncios de condenas surgidas de un hilo de pensamiento que se supone que todos compartíamos pero nunca lo lográbamos. Me di cuenta de que a Vicky aquello le resultaba violento y sentí que papá estaba intentando prevenirme. Miré en el cajón de los trapos. El revólver no estaba allí.

—Creo que ha llegado la hora de que nos marchemos —le dije a Vicky.

A la mañana siguiente le dije a mamá que nos íbamos.

—Lo haces a propósito —me dijo.

La casa. La de dos arriba, dos abajo. El recibidor largo y oscuro y las diminutas habitaciones. El patio con el retrete exterior y la carbonera, los cubos de la basura y la caseta del perro.

—Adiós, mamá.

No me respondió. Ni entonces. Ni más adelante. Nunca regresé. Nunca volví a verla.

Intermedio

En mi trabajo he tenido que enfrentarme al peso del tiempo del reloj, del tiempo del calendario, de los desarrollos lineales. El tiempo puede ser lo que evite que todo suceda a la vez, pero el dominio del tiempo es el mundo exterior. En nuestro mundo interior, podemos experimentar acontecimientos que nos sucedieron en su momento como si sucedieran de un modo simultáneo. A nuestro yo no lineal no le interesa el «cuándo», le interesa mucho más el «por qué».

Ya he recorrido más de la mitad de mi vida biológica, y más o menos la mitad de mi vida creativa. Mido el tiempo como todo el mundo, en parte por la decadencia del cuerpo, pero para retar al tiempo lineal, intento y vivo en un tiempo total. Reconozco que la vida tiene un tiempo, la suma de nuestro propio interior y el exterior, y que acontecimientos separados por años descansan unos junto a otros, imaginativa y emocionalmente.

El trabajo creativo tiende puentes en el tiempo porque la energía del arte no está limitada por el tiempo. Si lo estuviera, no tendríamos interés por el arte del pasado, excepto como historia o como documento. Pero nuestro interés por el arte es nuestro interés por nosotros mismos ahora y siempre. Aquí y para siempre.

Hay una sensación del espíritu humano de que existe para siempre. Esto hace que nuestra propia muerte sea algo soportable. Vida + arte es una bulliciosa comunión/comunicación con los muertos. Es un combate de boxeo con el tiempo.

Me encanta el verso de los Cuatro cuartetos de T. S. Eliot que dice «aquello que solo vive / puede solo morir». Esa es la flecha del tiempo, el vuelo desde el útero a la tumba. Pero la vida es algo más que una flecha.

Del útero a la tumba de una vida interesante; pero no puedo escribir la mía propia, nunca pude. No en *Las naranjas no son la única fruta*. No ahora. Prefiero seguir leyéndome como ficción que como realidad.

Y la realidad es que voy a saltarme veinticinco años. Quizá más adelante...

12

Viaje nocturno por el mar

Cuando era pequeñita —del tamaño que se esconde bajo las mesas y trepa a los cajones— me subí a un cajón creyéndome que el cajón era un barco y la alfombra el mar.

Encontré mi mensaje en una botella. Encontré una partida de nacimiento. En la partida estaban los nombres de mis padres biológicos.

Nunca se lo he contado a nadie.

Nunca quise encontrar a mis padres biológicos; si un par de padres ya me parecía una desgracia, dos pares sería algo autodestructivo. No poseía ninguna noción de la vida familiar. No tenía ni idea de que tus padres te podían gustar, ni de que podían quererte lo suficiente para dejarte ser tú misma.

Yo era una solitaria. Me autoinventaba. No creía en la biología ni en la biografía. Creía en mí. ¿Padres? ¿Para qué? Aparte de para hacerte daño.

Pero cuando a los treinta años escribí los guiones para la adaptación televisiva de *Las naranjas...* bauticé a la protagonista como Jess. En el libro es Jeanette, pero la televisión es demasiado literal, y ya resultaba bastante duro luchar por la ambigüedad y la felicidad para usar el nombre real, incluso cuando aquello se clasificaba como literatura. Al clasificarlo como serie de televisión, pensé que acabaría atada a una historia «verdadera» para siempre.

Al final eso fue lo que sucedió..., pero lo intenté.

Así que tenía que elegir un nombre, y elegí el nombre de la partida de nacimiento que había encontrado. Por lo visto mi madre biológica se llamaba Jessica, así que llamaría a mi personaje Jess.

Las naranjas no son la única fruta lo ganó todo: los premios BAFTA y RTS, un premio al mejor guión para mí en Cannes, numerosos galardones internacionales, y en 1990 estuvo en boca de todos, por su contenido y por el modo en que manejamos el contenido. Fue un hito de la cultura gay y espero que también fuera un hito cultural. Creo que lo fue. Una encuesta de 2008 sobre las mejores series de la historia de la BBC situaba a *Las naranjas no son la única fruta* en el octavo lugar.

Supuse que con todo el revuelo, incluyendo, y sobre todo, la prensa amarilla (el fin de la decencia como la conocemos, etc.), mi madre Jess oiría hablar de ello, y ataría cabos.

No.

Avanzo hasta 2007 y no he hecho nada para encontrar mi pasado. No es «mi pasado», ¿verdad? He escrito por encima de él. He grabado por encima de él. He pintado por encima de él. La vida son capas, fluidos, fragmentos sueltos. Nunca podría escribir una historia con un principio, una mitad y un final al modo habitual porque me resultaría falsa. Eso explica por qué escribo como escribo y cómo escribo como escribo. No es un método; soy yo.

Estaba escribiendo una novela titulada *Planeta Azul*. Está ambientada en el futuro, aunque la segunda parte está ambientada en el pasado. Se imagina nuestro mundo en su estado proteico y lo descubre una civilización más avanzada pero destructiva cuyo planeta se está muriendo. Envían una misión al Planeta Azul. La misión no regresa.

Cada vez que escribo un libro, se forma en mi mente una frase, como un banco de arena sobre las aguas. Son como los textos que había escritos en las paredes cuando vivíamos en el 200 de Water Street; exhortaciones, máximas, señales desde un faro lanzadas como recuerdo y advertencia.

La pasión: «Os estoy contando historias. Creedme».

Escrito en el cuerpo: «¿Por qué la pérdida es la medida del amor?».

El Powerbook: «Para evitar que me descubran, sigo huyendo. Para ser yo quien descubre, sigo huyendo».

La carga: «El hombre libre nunca piensa en evadirse».

Planeta Azul: «Todo lleva para siempre la impronta de lo que una vez fue».

En mi anterior novela, *La niña del faro*, estuve trabajando con la idea de un registro fósil. Ahí estaba yo otra vez; la sensación de algo sobre lo que han escrito encima, sí, pero que sigue estando claro. Los colores y las formas se revelan bajo la luz ultravioleta. El fantasma en la máquina que se cuela en la nueva grabación.

¿Qué era la «impronta»?

Estaba pasando una mala época. Mi relación de seis años con la directora de teatro Deborah Warner se había convertido en algo inestable e infeliz para ambas.

Yo intentaba escribir. El libro me empujaba. El trabajo creativo es un detector de mentiras. Quería mentirme a mí misma, si las mentiras son los consuelos y las tapaderas.

La primavera de 2007, Lillian, la segunda esposa de mi padre, murió repentinamente. Era diez años más joven que él, y fue muy alegre y animada. Un chapucero implante de cadera provocó que se le gangrenara un pie, la gangrena del pie provocó que no pudiera andar, no poder andar provocó diabetes, la diabetes la llevó al hospital para pasar tres días. Tres semanas más tarde salió del hospital en un ataúd.

Papá y Lillian de vez en cuando se tomaban un respiro en una residencia de Accrington dirigida por una maravillosa mujer llamada Nesta. Había trabajado de humorista en un crucero —hace falta sentido del humor para dirigir una residencia—. Finalmente dejó de ganarse la vida contando chistes y se ocupó del negocio familiar de las residencias. Ella y yo hablamos, y decidimos que papá iría a vivir allí cuando hubiera una plaza libre. Los domingos iría a la iglesia, entre semana lo sacarían a dar paseos y tendría muchas visitas. Yo recorrería las cerca de trescientas cincuenta millas de viaje de ida y vuelta para verlo una vez al mes.

Conduje hasta Accrington y limpié su bungalow, estaba ocupada preparando todo con ese modo absorto de hacer las cosas: los interminables papeleos de la muerte.

Todas las fotos habían desaparecido por completo, se las había llevado el espantoso tío Alec (el de los doberman), no sé con qué intención. No quedaba nada de los viejos tiempos, pero había un arcón cerrado.

¿Tesoro? Siempre he creído que el tesoro enterrado está ahí…

Me fui al coche, cogí un destornillador y un martillo, y metí el destornillador en la boca del candado. Se abrió de golpe.

Para mi horror, el arcón estaba lleno de porcelana Royal Albert, incluida la bandeja de tres pisos para tartas. ¿Por qué papá habría escondido los restos de la Royal Albert en un cofre de pirata a lo John Silver?

Había otras piezas de vajilla que trajeron a mi boca el sabor de mi infancia. Los platos «cabaña» de la señora Winterson, pintados a mano, con ribetes dorados y en el centro una solitaria cabañita en un bosque... (bastante parecido al lugar donde vivo ahora).

También estaban las medallas de la guerra de papá, algunas notas y cartas de la señora W, y algunos tristes efectos personales, y algunas horribles cosas sobre mí, que aparté rápidamente, y varias de sus listas de la compra y la contabilidad, y lo más triste de todo, la carta que escribió a papá, con temblorosa letra de caligrafía, explicándole paso a paso lo que tenía que hacer tras su muerte: la póliza de seguro para el funeral..., los papeles para la pensión..., las escrituras de la casa...

Pobre papá, ¿habría pensado alguna vez que sobreviviría a dos viudas? Al contrario que la señora Winterson, Lillian no le dejó instrucciones, pero esta vez no pasaba nada porque esta vez yo pude estar allí.

Levanté la bandeja para el salmón Royal Albert. Debajo había una cajita. Una caja que ocultaba una caja... Sin cerrar..., unas joyas, unos sobres, unos papeles meticulosamente doblados.

El primero era una orden judicial fechada en 1960. Era el documento que formalizaba mi adopción. El segundo papelito era una especie de ITV para bebés: yo no era retrasada mental. Estaba sana para ser adoptada. Me habían dado el pecho...

Y tenía un nombre, violentamente tachado. Habían arrancado la parte superior del papel, de modo que no pudiera leer el nombre del médico o de la organización, y los nombres que aparecían abajo también habían sido tachados.

Observé la orden judicial. También tenía un nombre, mi otro nombre, tachado.

Escrito a máquina en papel amarillo. Tan antiguo. Esas cosas parecían de hace cien años. Tengo cien años. El tiempo es un vacío.

Está oscuro. Estoy sentada sobre mi abrigo en el suelo del bungalow vacío. Me siento vaciada del mobiliario familiar. He abierto una puerta que da a una habitación con un mobiliario que no reconozco. Después de todo hay un pasado, por mucho que haya escrito por encima de él.

Como el nombre en los papeles —el nombre por encima del cual habían escrito— mi pasado está allí —aquí— y ahora. El vacío se ha cerrado a mi alrededor. Me siento atrapada.

No sé por qué esto importa. Por qué me hace sentir tan mal. ¿Por qué nunca me lo dijeron ni me lo enseñaron? ¿Por qué iban a hacerlo? Un bebé es un bebé. El bebé comienza de nuevo. Sin biografía, sin biología.

Entonces un hilo de líneas comienza a reconstruirse en mi mente, líneas de mis propios libros. «Sigo escribiendo para que algún día ella lo lea.» «Buscándote, buscándome, supongo que llevo toda mi vida buscándonos a las dos…»

He escrito narrativas de amor y narrativas de pérdidas, historias de anhelos y pertenencia. Ahora todo resulta tan obvio. La obsesión wintersoniana con el amor, la pérdida y el anhelo. Es mi madre. Es mi madre. Es mi madre.

Pero madre es nuestra primera historia de amor. Sus brazos. Sus ojos. Su pecho. Su cuerpo.

Y si más adelante la odiamos, nos llevamos esa rabia con nosotros y la soltamos con otros amantes. Y si la perdemos, ¿dónde vamos a volver a encontrarla?

Tengo tendencia a trabajar de una forma obsesiva con los textos, y los incrusto en mi obra. La leyenda del Grial está ahí: en un abrir y cerrar de ojos la cosa más preciada del mundo se pierde para siempre, y el reto es volver a encontrarla.

Cuento de invierno. Mi obra favorita de Shakespeare: un bebé abandonado. Un mundo enfermo que no volverá a enderezarse si «no se encuentra aquello que está perdido».

Leed esa frase. No «aquello que se perdió» ni «se ha perdido». En su lugar, «está perdido». El doble presente usa la gramática para mostrarnos lo seria que es la pérdida. Algo que sucedió hace tiempo, sí, pero no en pasado. Es el presente antiguo, la antigua pérdida que sigue doliéndonos todos los días.

Al poco de aquello comencé a enloquecer. No hay otra forma de describirlo.

Deborah me dejó. Tuvimos una discusión terrible y definitiva, desencadenada por mis inseguridades y por la indiferencia de Deborah, y al día siguiente habíamos terminado. Fin.

Deborah hizo bien en marcharse. Lo que había empezado con grandes esperanzas se había convertido en una lenta tortura. No la culpo por nada. Mucho de lo que compartimos fue maravilloso. Pero, como iba a descubrir, tengo grandes problemas con el hogar, con construir hogares, con construir hogares con alguien.

A Deborah le encanta estar lejos del hogar y disfruta con ello. Es un cuco.

Yo adoro volver al hogar, y mi idea de felicidad es regresar a un hogar con alguien que amo. No fuimos capaces de resolver esa diferencia y lo que no sabía era cómo algo tan sencillo como una diferencia pudiera conducir a algo tan complejo como una ruptura. El abandono repentino e inesperado, constelado como estaba alrededor de la idea del hogar/la imposibilidad del hogar, encendió un fusible que prendió y cuya llama fue ardiendo hacia una apertura tapiada muy en el fondo de mí. Dentro de esa apertura tapiada, oculta en el tiempo como una anacoreta, estaba mi madre.

Deborah no tenía intención de hacer estallar la «pérdida perdida», y yo ni siquiera sabía que estaba allí, no lo sabía de un modo literal, aunque mis pautas de comportamiento fueran una pista.

Mi agonía al llamar a Deborah y descubrir que nunca respondería a mis llamadas, mi ofuscación y mi rabia, esos estados emocionales me llevaron cerca de la puerta sellada a la que nunca quise ir.

Eso hace que parezca una elección consciente. La psique es mucho más inteligente de lo que permite la conciencia. Enterramos las cosas tan profundamente que no nos acordamos de que había algo enterrado. Pero nuestros cuerpos recuerdan. Nuestros estados neuróticos recuerdan. Pero nosotros no.

Empecé a despertarme por las noches y me encontraba a cuatro patas gritando «¡Mami! ¡Mami!» Estaba empapada en sudor.

Los trenes llegaban. Los trenes abrían las puertas. Yo no podía montarme. Humillada, cancelé actividades, acuerdos, sin ser capaz de dar una explicación. A veces no salía durante días, no me vestía durante días, a veces vagaba por el enorme jardín en pijama, a veces comía, a veces no, o podías verme sobre la hierba con una lata de alubias fría. La típica imagen de la desolación.

Si hubiera vivido en Londres, o en cualquier ciudad, me habría quitado la vida con una distracción al volante de mi coche, el coche de otro. Pensaba en el suicidio porque tenía que haber una opción. Tenía que ser capaz de pensar en ello y en los días buenos lo hacía porque me devolvía una sensación de control; por una última vez, tendría el control.

En los días malos, simplemente me aferraba a una cuerda cada vez más fina.

Esa cuerda era la poesía. Toda la poesía que aprendí cuando tenía que guardar una biblioteca en mi interior ahora me ofrecía una cuerda de salvación.

Hay un campo enfrente de mi casa, en lo alto, cercado por un muro de piedra y abierto a una hermosa vista de las colinas. Cuando no podía soportarlo iba y me sentaba en aquel campo, apoyada en aquel muro y me concentraba en aquella vista.

El campo, el mundo natural, mis gatos y la literatura inglesa de la A a la Z eran lo único en lo que me podía apoyar y a lo que me aferraba.

Mis amigas nunca me fallaron y cuando podía hablar, hablaba con ellas.

Pero muchas veces no podía hablar. El lenguaje me había abandonado. Estaba en el lugar anterior a adquirir el lenguaje. El lugar abandonado.

¿Dónde estás?

Pero lo que es realmente tuyo nunca te abandona. No podía encontrar las palabras, no directamente, debido a mi estado, pero de vez en cuando podía escribir, y lo hacía en explosiones de luz, que por un instante me mostraban que todavía había un mundo, auténtico y maravilloso. Podía ser mi propia bengala para iluminar el camino. Luego la luz se apagaba otra vez.

Ya había escrito dos libros para niños: *El rey de Capri* —un libro de ilustraciones—, y una novela para niños un poco más mayores titulada *Tanglewreck*. *Tanglewreck* se imagina un mundo en el que el tiempo, igual que el petróleo o el agua o cualquier otra materia prima, se está agotando.

Escribí esos libros para mis ahijados, los niños y los libros me proporcionaban un placer sin complicaciones.

En diciembre de 2007 volví de Holanda donde había gastado todas mis energías al dar una importante conferencia e intentar actuar de un modo normal. Estaba sudando otra vez y al entrar en casa no fui capaz ni siquiera de encender la chimenea. Así que me senté sobre el abrigo con una lata de alubias en la mano y los dos gatos en el regazo.

Pensé en un cuento, un cuento de Navidad, el cuento de Navidad desde la perspectiva de un burro titulado *El león, el unicornio y yo*. El burro consigue un hocico de oro cuando alza su cabeza para rebuznar y el pie del ángel, colgando de las carcomidas vigas del establo, le roza el morro.

Yo era el burro. Necesitaba una nariz de oro.

Escribí el cuento aquella noche, hasta las cinco de la mañana, y luego dormí y dormí, durante casi veinticuatro horas.

El cuento se publicó en *The Times*. En Nochebuena, una señora muy agradable me envió un correo diciéndome que la había hecho llorar, y que había hecho reír y llorar a su hijita, y si su editorial podía añadirle ilustraciones y publicarlo.

Eso fue lo que sucedió.

Y no era el final de los libros rescatándome. Si la poesía era una cuerda, los libros fueron botes salvavidas. En mis momentos más inestables buscaba el equilibrio en un libro, y los libros me llevaban sobre las mareas de sentimientos que me dejaban empapada y hecha añicos.

Sentimiento. No quería sentir.

El mejor respiro para mí en aquella época era ir a París y esconderme en la librería Shakespeare and Company.

Era amiga de la dueña, Sylvia Whitman, una joven cuya enorme energía y entusiasmo la ayudaron a sacar adelante muchas cosas. Su padre George, que abrió la tienda en su ubicación actual junto a Notre-Dame en 1951, todavía vive en el piso de arriba, posado como una vieja águila.

Sylvia me buscó un sitio en el vetusto y anticuado hotel Esmeralda al lado de la tienda. En la buhardilla, sin teléfono, sin televisión, solo una cama y un escritorio, y vistas a la iglesia, descubrí que me era posible dormir e incluso trabajar.

Podía sentarme en la sección de anticuario de la librería todo el día y gran parte de la noche, leyendo con la perra de Sylvia a mi lado, y cuando necesitaba andar, la perra, Colette, me acompañaba. Era una forma de evadirme simple y segura.

En la tienda no tenía responsabilidades y cuidaban de mí. Una vez llegué con una infección pulmonar y Sylvia no me dejó volver a casa. En vez de eso, me preparó una sopa, cambió los billetes, me compró pijamas y me mandó a la cama.

Tenía la sensación de los viejos tiempos en la biblioteca pública de Accrington. Estaba a salvo. Estaba rodeada por libros. Mi respiración se volvió más profunda y más constante, y ya no estaba obsesionada. Esos tiempos eran pasajeros pero eran muy valiosos.

No estaba mejorando. Estaba empeorando.

No fui al médico porque no quería pastillas. Si aquello iba a matarme, mejor dejar que me matara. Si eso iba a ser el resto de mi vida, no podía vivir.

Sabía perfectamente que no podía reconstruir mi vida ni rehacerla de ningún modo. No tenía ni idea de lo que habría al otro lado de este lugar. Solo sabía que el mundo anterior había desaparecido para siempre.

Tenía la sensación de ser como una casa encantada. Nunca sabía cuándo algo invisible iba a golpearme, y era como un soplo, una especie de viento en el pecho o en el estómago. Cuando lo sentía, gritaba de lo fuerte que era.

A veces me tumbaba enroscada en el suelo. A veces me arrodillaba y me agarraba a un mueble.

Esto es un momento... has de saber que otro...

Aguanta, aguanta, aguanta.

Me encanta el mundo natural y jamás dejé de verlo. La belleza de los árboles y los campos, de colinas y arroyos, de los colores cambiantes, de las pequeñas criaturas tan ocupadas y afanadas. Mis largas horas caminando o sentada en el campo con la espalda apoyada en el muro, contemplando las nubes y el tiempo, me proporcionaban cierta estabilidad. Como sabía que todo aquello estaría allí cuando yo no estuviera, pensé que podía marcharme. El mundo era hermoso. Yo era una manchita en él.

Había un zorro muerto en el camino que tomé. Ni una marca en su cuerpo fuerte y rojo. Lo dejé entre los arbustos. Eso también sería suficiente para mí.

Y sentí que había hecho algunas cosas buenas. No había malgastado mi vida. Podía irme.

Escribí cartas a mis amigos y a los niños. Recuerdo que pensé que no tendría que hacer la declaración de la renta ni solicitar la devolución del IVA. Y pensé: «Me pregunto si te penalizarán en el caso de fallecer por causas no naturales. ¿La Agencia Tributaria de Su Majestad sostendría que elegí no rellenar formularios porque elegí matarme? Seguro que aplican algún tipo de sanción en esos casos».

Así que me calmé por un tiempo y parecía que hubiera pospuesto el desenlace al mirarlo a la cara.

Hasta la década de los cincuenta la mitad de los suicidios en Inglaterra eran mediante gas. El gas en los hogares era gas de alumbrado en aquellos tiempos, y el gas de alumbrado es muy rico en monóxido de carbono. El monóxido de carbono es incoloro, inodoro y enemigo de las criaturas que dependen del oxígeno. Provoca alucinaciones y depresión. Puede hacerte ver visiones; de hecho, se dice que las casas encantadas son casas cuyas emanaciones no son espectrales sino químicas. Esto puede ser perfectamente cierto. El siglo XIX fue el siglo de los espectros aterradores y las apariciones entre las sombras. Fue el siglo de lo sobrenatural en la literatura y en la imaginación popular.

Drácula, La dama de blanco, Otra vuelta de tuerca, El doctor

Jekyll y míster Hyde, las visiones de M. R. James y Edgar Allan Poe. El aumento de las sesiones de espiritismo semanales.

El siglo de las lámparas de gas y los fantasmas. Puede que ambas cosas fueran lo mismo. La clásica imagen de un hombre o una mujer a altas horas de la madrugada, sentado junto a una lámpara de gas y viendo un fantasma, podría haber sido un caso de delirio leve provocado por una intoxicación con monóxido de carbono.

Cuando en los años sesenta se introdujo el gas natural, la tasa de suicidios en Gran Bretaña disminuyó un tercio, quizá por eso hay menos fantasmas para ver, o quizá hemos dejado de alucinar en el hogar.

Ya no resulta sencillo gasearse. El horno no sirve y los coches modernos vienen con convertidores catalíticos.

Yo tenía un viejo Porsche 911.

Herman Hesse llamó al suicidio un estado mental, y hay muchísimas personas, vivas en teoría, que han cometido un suicidio mucho peor que la muerte física. Han vaciado la vida.

Yo no quería vaciar la vida. Amaba la vida. Amo la vida. La vida es algo demasiado precioso para mí para no vivirla a tope. «Si no puedo vivir, entonces debo morir», pensaba.

Mi tiempo se había acabado. Fue la sensación más fuerte que tuve. La persona que se marchó de casa a los dieciséis y derribó todos los muros con que se encontró, que no tuvo miedo, que no miraba atrás, que era bien conocida como escritora, controvertida (es genial, es una basura), y que había ganado dinero, se había hecho un sitio, había sido una buena amiga, una amante inestable y difícil, que había tenido un par de crisis menores y un periodo psicótico, pero que siempre fue capaz de recuperarse, de pasar página y seguir adelante; esa tal Jeanette Winterson, estaba acabada.

En febrero de 2008 intenté terminar con mi vida. Mi gato estaba en el garaje conmigo. No lo sabía cuando cerré las puertas y encendí el motor. El gato me arañaba la cara, me arañaba la cara, me arañaba la cara.

Más tarde, aquella noche, tumbada sobre la gravilla y contemplando las estrellas —las milagrosas estrellas y el bosque que hacía la oscuridad más profunda—, pude oír una voz. Sé que tenía una alucinación pero era la alucinación que necesitaba tener.

«Os es necesario volver a nacer». «Os es necesario volver a nacer» (Juan 3:7).

Yo ya había nacido dos veces, ¿o no?; mi madre perdida y mi nueva madre, la señora Winterson. Esa doble identidad, en sí misma una especie de esquizofrenia; la sensación de ser una chica que es un chico que es un chico que es una chica. Un desdoblamiento en el corazón de las cosas.

Pero entonces comprendí algo. Comprendí que nacer dos veces no solo se refiere a estar vivo, sino a elegir la vida. Elegir estar vivo y comprometerse conscientemente con la vida, en todo su exuberante caos, y su dolor.

Me habían dado la vida e hice todo lo que pude con lo que me habían dado. Pero ya no había nada más que hacer allí. Lo que hubiera emergido debido a la coincidencia/sincronía de encontrar aquellos documentos de adopción y que Deborah me dejara era mi única oportunidad en otra oportunidad.

Era una cuerda lanzada a través del espacio. Una oportunidad tan cerca de matarme como de salvarme, y creo que la apuesta quedaría en tablas fuera como fuese. Fue la pérdida de todo mediante el salvaje e inadvertido retorno de la pérdida perdida. La puerta al cuarto oscuro se había abierto de golpe. La puerta al final de la escalera en nuestras pesadillas. La puerta de Barba Azul con la llave manchada de sangre.

La puerta se abrió de golpe. Yo entré. La habitación no tenía suelo. Caí y caí y caí.

Pero estaba viva.

Y aquella noche las frías estrellas formaron una constelación con las piezas de mi mente rota.

No había una relación directa entre las ideas. Lo podéis comprobar leyendo esto. Quiero mostrar cómo son las cosas cuando la mente funciona con su propia desolación.

En marzo de 2008 me encontraba en cama, recuperándome y leyendo a Mark Doty, *Dog Years*.

Son unas memorias sobre cómo vivir con perros; en realidad es una historia sobre cómo vivir con la vida. Vivir con la vida es muy complicado. Por lo general, hacemos todo lo que podemos por dominar la vida: ser insulsos o licenciosos. Ser tranquilos o rabiosos. Los extremos tienen el mismo efecto; nos protegen de la intensidad de la vida.

Y los extremos, ya sean de docilidad o de rabia, previenen con éxito contra los sentimientos. Sé que nuestros sentimientos pueden resultar tan insoportables que empleamos ingeniosas estrategias —estrategias inconscientes—, para mantener a esos sentimientos alejados. Hacemos un intercambio de sentimientos, en el que evitamos sentirnos tristes o solos o asustados o incompetentes, y en cambio nos sentimos enfadados. También funciona a la inversa: a veces necesitas sentirte enfadado, no incompetente; a veces necesitas sentir amor y aceptación, y no el trágico drama de tu vida.

Hace falta arrojo para sentir el sentimiento, y no comerciar con él en el mercado de sentimientos, o incluso transferírselo a otra persona. ¿Habéis visto cómo en las parejas una persona siempre es dada a los lloriqueos o los cabreos mientras la otra se muestra muy tranquila y racional?

Comprendí que los sentimientos me resultaban difíciles aunque vivía abrumada por ellos.

Con frecuencia oigo voces. Soy consciente de que eso me coloca en la categoría de los locos, pero no me importa demasiado. Si crees, como yo, que la mente quiere sanarse, y que la psique busca coherencia y no desintegración, entonces no resulta difícil concluir que la mente manifestará lo que sea necesario para realizar el trabajo.

Hoy en día asumimos que la gente que oye voces hace cosas terribles; los asesinos y los psicópatas oyen voces, al igual que los fanáticos religiosos y los terroristas suicidas. Sin embargo, en el pasado las voces eran respetadas, deseadas. El visionario y el profeta, el chamán y la hechicera. Y el poeta, obviamente. Oír voces puede ser algo bueno.

Volverse loco es el principio de un proceso, no tiene por qué ser el resultado final.

Ronnie Laing, el médico y psicoterapeuta que se convirtió en el gurú de moda en los sesenta y los setenta, al poner la locura de moda, comprendió la demencia como un proceso que podría conducir a algún sitio. Sin embargo, en la mayoría de los casos es algo tan terrorífico para la persona que está dentro, así como para quienes están fuera, que la única salida pasa por los medicamentos o una clínica.

Y nuestra medida de la locura siempre está cambiando. Probablemente hoy en día somos menos tolerantes con la demencia que en cualquier otro periodo de la historia. No hay lugar para ella. O, de forma crucial, no hay tiempo para ella.

Enloquecer lleva su tiempo. Recuperar la cordura lleva su tiempo.

Había una persona dentro de mí —una parte de mí o como queráis llamarlo— tan dañada que estaba dispuesta a verme muerta para encontrar la paz.

Esa parte de mí, viviendo sola, oculta, en una guarida sucia y abandonada, siempre había sido capaz de lanzar un ataque sobre el resto del territorio. Mis violentos accesos de rabia, mi comportamiento destructivo, mi necesidad de destruir el amor y la confianza, del mismo modo que el amor y la confianza habían sido destruidos para mí. Mi descontrol sexual, que no liberación. El hecho de que no me valoraba a mí misma. Estaba siempre dispuesta a saltar desde el tejado de mi propia vida. ¿Acaso eso no tiene un punto romántico? ¿No era eso el espíritu creativo sin límites?

No.

La creatividad está de parte de la salud, no es lo que nos vuelve locos; es una capacidad que tenemos que intenta salvarnos de la demencia.

La niña perdida, rabiosa y salvaje que vivía sola en el fondo de la ciénaga no era la Jeanette creadora. Era la baja de guerra. Era el sacrificio. Me odiaba. Odiaba la vida.

Hay muchos cuentos de hadas —los conocéis— en los que el protagonista en una situación desesperada hace un trato con una siniestra criatura y obtiene lo que se necesita —y se necesita— para seguir con el viaje. Más adelante, una vez conseguida la princesa, derrotado el dragón, guardado el tesoro y engalanado el castillo, aparece la siniestra criatura y se lleva al recién nacido o lo convierte en un gato o —como la decimotercera hada a la que nadie invitó a la fiesta— trae un regalo ponzoñoso que mata la felicidad.

Hay que invitar a casa a esta criatura deforme y asesina con su fuerza sobrenatural, pero en los términos correctos.

¿Os acordáis de la princesa que besa al sapo y —¡milagro!— aparece un príncipe? Bueno, es necesario abrazar a esa cosa viscosa y repugnante que solemos encontrar en el pozo o en la charca, comiendo babosas. Pero convertir esa parte fea y dañada en humana otra vez no es una tarea para el bienintencionado trabajador social que llevamos dentro.

Es la tarea más peligrosa que puedes realizar. Es como desactivar explosivos cuando la bomba eres tú. Ese es el problema, que la cosa desagradable eres tú. Puede que se haya soltado y viva haciendo el mal en el fondo del jardín, pero comparte tu sangre y se alimenta de tu comida. Confunde esto y te hundirás con la criatura.

Y —por cierto— a la criatura le encanta el suicidio. La muerte forma parte de sus atribuciones.

Estoy hablando así porque lo que tuve muy claro en mi locura fue que tenía que empezar a hablar… con la criatura.

Me encontraba tumbada en la cama leyendo *Dog Years*, y una voz fuera de mi cabeza —no dentro— dijo: «Levántate y ponte a trabajar».

Me vestí inmediatamente. Fui a mi estudio. Encendí la estufa de leña, me senté con el abrigo puesto porque la estancia estaba helada, y escribí «Comenzó como todas las cosas importantes: por casualidad».

A partir de ese momento, a diario, escribí un libro para niños titulado *La batalla del sol*.

Cada día me ponía a trabajar, sin un plan, sin un argumento, a ver lo que tenía que decir.

Y por eso estoy convencida de que la creatividad está de parte de la salud. Iba a ponerme mejor, y comencé a ponerme mejor gracias a la oportunidad del libro.

No es una sorpresa que se tratara de un libro para niños. La criatura demente que habitaba en mí era una niña perdida. Estaba deseando que le contaran un cuento. Mi parte adulta tenía que contárselo.

Y una de las primeras cosas que se inventó a sí misma en el nuevo libro fue algo llamado la Criatura Partida en Dos.

La Criatura que apareció en la habitación estaba partida en dos justo por la mitad, de modo que una parte tenía un ojo y una ceja, un agujero de la nariz, una oreja, un brazo, una pierna, un pie, y lo mismo la otra mitad. Bueno, casi lo mismo, porque como si la Criatura no fuera ya lo bastante sorprendente, una mitad era de hombre y la otra mitad era de mujer. La parte femenina tenía pecho, o mejor dicho, medio pecho.

La Criatura parecía estar hecha de carne, como un ser humano, pero ¿qué ser humano podía nacer partido por la mitad?

La ropa de la Criatura era tan extraña como la Criatura misma. La parte masculina llevaba una camisa con una sola manga y unos pantalones bombachos con una sola pernera, y donde deberían estar la otra manga y la otra pernera, había un lado cortado y remendado. La Criatura llevaba un chaleco de cuero por encima de la camisa, que no había sido alterado, de modo que parecía que a la mitad de la prenda le faltaba cuerpo para rellenarla, lo cual era cierto.

Bajo los bombachos, o sería mejor llamarlo bombacho, porque solo tenía una pernera en lugar de dos, había un calcetín subido hasta la rodilla y un grueso zapato de cuero más abajo.

La Criatura no tenía barba, pero en su única oreja llevaba un solitario pendiente de oro.

Su otra mitad era igual de extraña. Esta mujer llevaba media falda, media blusa y medio sombrero en su mitad de cabeza.

La expresión de ambas partes del rostro resultaba desagradable.

A mi propia criatura salvaje y desagradable le gustaba que yo escribiera *La batalla del sol*. Ella y yo comenzamos a hablar. Me decía: «No me extraña que Deb te haya dejado. ¿Por qué querría estar contigo? Hasta tu propia madre te dejó tirada. No vales nada. Yo soy la única que lo sabe, pero no vales nada».

Anoté aquello en mi cuaderno. Decidí que solo estaba preparada para charlar con esa lunática salvaje durante una hora al día, y mientras estuviéramos caminando. Ella nunca quería salir a caminar, pero yo la obligaba.

Su estilo de conversación era recriminatorio (acusación, falta, denuncia, reproche, culpa). Era en parte la señora Winterson, en parte Calibán. Sus respuestas preferidas eran incongruencias. Si yo decía: «Quiero hablar sobre la carbonera», ella decía: «Te acostarías con cualquiera, ¿verdad?». Si yo decía: «¿Por qué éramos tan nulos en la escuela?». Ella decía: «Echo la culpa a las bragas de nailon».

Nuestros diálogos eran como dos personas usando una guía de conversación para turistas, para decir cosas que ninguno es capaz de entender; piensas que has preguntado cómo se llega a la iglesia, pero se traduce como «Necesito un imperdible para mi hámster».

Era una locura —dije que era una locura—, pero estaba decidida a seguir adelante. Me ayudaron a hacerlo posible la cordura del libro por las mañanas y la estabilidad de cuidar del jardín en las tardes de primavera y verano. Plantar repollos y alubias te sienta bien. El trabajo creativo te sienta bien.

Las sesiones de locura de las tardes refrenaban la desbordante demencia que había estado en todas partes. Me di cuenta de que ya no recibía golpes invisibles en los costados ni estaba encantada. Ya no me atacaban sudorosos terrores ni miedos innombrables.

¿Por qué no nos llevé, a mí y a la criatura, a un psicólogo? Lo hice, pero no funcionó. Las sesiones parecían falsas. Yo no podía decir la verdad y, de todos modos, ella no venía conmigo.

«Monta en el coche...» NO. «Monta en el coche...» NO.

Era peor que tener un niño pequeño. Era una niña pequeña, con la salvedad de que también era de otras edades, porque el tiempo no funciona en el interior igual que en el exterior. A veces era un bebé. A veces tenía siete años, a veces once, a veces quince.

Y tuviera la edad que tuviera, no iba al psicólogo. «¡Es un coñazo! ¡Es un coñazo! ¡Es un coñazo!»

Cerré de un portazo. «¿Quieres aprender a comer con cuchillo y tenedor?»

No sé por qué dije eso. Estaba asilvestrada.

Así que yo fui a la terapia y ella no. Inútil.

Aunque no todo resultó inútil, porque tras la terapia, en Oxford, estaba siempre tan agobiada que me iba a la librería Blackwell y bajaba a la sala Norrington a mirar las estanterías de psicoanálisis. La sala Norrington es un lugar serio, diseñado para la universidad, y albergaba todo tipo de textos sobre el cerebro/mente/psique/ego.

Llevaba leyendo a Jung desde 1995, me compré sus obras completas encuadernadas en tapa dura. Ya tenía las obras completas encuadernadas en tapa dura de Freud y siempre había leído cosas sobre mente, cuerpo y espíritu, porque si te han educado con la Biblia, no puedes dejarlo tan fácilmente, por mucho que digan.

Ahora estaba buscando algo, y encontré a Neville Symington, un sacerdote que se convirtió en loquero y que tenía un estilo sencillo y directo, y no le daba miedo hablar sobre el espíritu y el alma, no como experiencias religiosas, sino como experiencias humanas. Decía que somos algo más que cuerpo y mente —y creo que lo somos.

Symington ayudó, porque estaba mejorando lo suficiente para querer un marco en el cual pensar sobre lo que me estaba sucediendo. Anteriormente me aferraba al borde de la balsa que era mi vida, deseando no hundirme bajo la siguiente ola.

En ocasiones, la criatura aparecía mientras yo estaba leyendo, para burlarse de mí, para hacerme daño, pero ahora podía pedirle que se marchara hasta nuestra cita del día siguiente y, milagrosamente, lo hacía.

Era verano. *La batalla del sol* ya casi estaba acabado. Me encontraba triste y sola, pero estaba tranquila, y estaba más cuerda de lo que lo había estado nunca, hasta tal punto que sabía que había una parte de mí que estaba loca.

Symington habla sobre cómo la parte loca intenta hundir la mente. Yo había tenido esa experiencia. Ahora era capaz de contenerla.

Unos meses más tarde, estábamos dando nuestro paseo vespertino cuando comenté algo sobre cómo nadie nos había abrazado de pequeñas. Dije «nos» en lugar de «te». Me cogió de la mano. Nunca lo había hecho; por lo general, caminaba detrás de mí soltando sus frases.

Las dos nos sentamos y lloramos.

«Aprenderemos a amar», le dije.

13

Esta cita tiene lugar en el pasado

Querida señora:
En referencia a su petición relativa al expediente arriba mencionado.

El Juez del Distrito ha considerado su solicitud y realizado las siguientes apreciaciones:

1. La copia de la partida de nacimiento no es una copia de la entrada en el Registro de Niños Adoptados.

2. La parte 8B de la Directiva Procesal Sección 1.3 requiere que la Solicitud y la Prueba de Identidad «sean presentadas en el Juzgado», el Juzgado añadirá una apostilla en la solicitud. Es necesario que presente una prueba de identidad original (no una copia).

3. Después de eso se le podrá remitir una copia consignada de los documentos pertinentes, tal y como especifica la directiva procesal. El expediente en su conjunto no está abierto a inspecciones y no se puede enviar al Ministerio del Interior.

Lamentamos informarle de que será por lo tanto necesario que se presente personalmente en el Juzgado con una prueba original de identidad, así como con una copia certificada de la entrada en el Registro de Niños Adoptados relativa a su persona.

Era uno de los muchos intercambios que mantuve con el juzgado que custodiaba mi expediente de adopción.

Soy una mujer inteligente con múltiples recursos, pero el proceso de adopción me derribó. No sabía a qué se referían con «la entrada en el Registro de Niños Adoptados», y me costó cuatro correos electrónicos descubrirlo. Sabía a lo que se referían con «copia consignada», pero me preguntaba si otra gente lo sabría (¿no podrían decir simplemente «copia por escrito»?), y me preguntaba lo que hacían esas cartas tan frías y formales en las personas sumidas en el sofocante y perturbador proceso de buscar su otra vida.

Por lo que respecta al juzgado, los expedientes de adopción no son más que un archivo con implicaciones legales, y se los trata con el idioma muerto y distante de la ley, siguiendo un protocolo que es difícil de seguir. Esta no es una buena razón para contratar a un abogado; es una buena razón para hacer el proceso más sencillo y menos insensible.

Quería parar. No estaba tan segura de haber querido empezar.

Sin embargo tenía suerte, porque me había enamorado de Susie Orbach. Éramos bastante nuevas, pero ella quería hacerme sentir que me encontraba en un lugar seguro con alguien que me apoyaría y, simplemente, estaría ahí para mí. «Estamos juntas —me dijo—. Eso significa que tienes derechos.» Se rió con su risa grande y descarada.

Conocí a Susie algún tiempo después de que no consiguiera

entrevistarla por su libro *Bodies*, sobre el impacto de la publicidad y la pornografía en el cuerpo y la autoestima de la mujer.

Mi padre había muerto, y tuve que aparcar todo el trabajo. Finalmente escribí a Susie, solo para decirle cuánto había disfrutado con su libro, con todos sus libros. Me había leído *Fat is a Feminist Issue* cuando tenía diecinueve años. He releído en varias ocasiones *Impossibility of Sex* y estaba pensando en intentar escribir una respuesta —en el sentido más amplio— que titularía *The Possibility of Love*.

Siempre estoy dándole vueltas al amor.

Susie me invitó a cenar. Llevaba casi dos años separada de su marido, tras un matrimonio de treinta y cuatro años. Yo llevaba sin pareja desde Deborah y mi crisis. Me empezaba a gustar ser yo misma otra vez. Pero las grandes cosas de la vida nunca se planean. Fue una hermosa velada: comida, conversación, la puesta de sol tras su haya. Pensé: «Parece triste». Me pregunto si yo también lo parecía.

Durante las siguientes semanas estuvimos flirteando en fuentes y píxeles, un cortejo por correo electrónico que no podía estar sucediendo, pensaba yo, porque Susie era heterosexual y yo había abandonado mis labores de misionera entre las mujeres heterosexuales. Pero algo estaba pasando, y no tenía ni idea de qué hacer al respecto.

Fui a comer con mi amiga la escritora Ali Smith. Me dijo: «Tú solo bésala». Susie fue a hablar con su hija a Nueva York. Lianna le dijo: «Tú solo bésala, mamá».

Así que lo hicimos.

Estando en lugar seguro con ella, sentí que podía seguir con mi búsqueda. La adopción la empiezas tú sola, eres una solitaria. El bebé es consciente de que lo han abandonado, estoy convencida de ello. Por lo tanto, el viaje de regreso no hay que hacerlo sola. Los terrores y miedos son imprevistos e incontrolables. Necesitas a alguien a quien aferrarte. Alguien que se aferrará a ti. Eso es lo que hizo Susie por mí día a día. Otras amigas también pusieron su granito de arena. Aparte de eso, el periodo de locura y la búsqueda de la adopción me enseñaron a pedir ayuda; a no actuar como Wonder Woman.

Había confesado mis temores a mi amiga Ruth Rendell. Ruth me conoce desde que yo tenía veintiséis años y me había prestado una casa de campo para escribir cuando intentaba abrirme camino. Escribí La pasión en su casa. Había sido la Mamá Buena, sin juzgarme nunca, apoyándome en silencio, dejándome hablar, dejándome ser yo misma.

Pertenece a la nobleza laborista y es, por lo tanto, miembro de la Cámara de los Lores. Tiene muchos contactos y pensó que podía ayudar. Reunió a algunas baronesas para una charla en privado y llegaron a la conclusión de que yo tenía que actuar con la máxima discreción.

Soy bastante conocida en el Reino Unido y, si iba a encontrar a mi madre, quería que ella me encontrara a mí, no mi imagen pública. No podría soportar que los periódicos se adueñaran de la historia. Las naranjas… es la historia de una adopción, y Las naranjas… es el libro con el que se me identifica.

Puedo parecer paranoica, pero mi paranoia está justificada. He tenido a periodistas apostados en mi jardín para «descubrir» a mis novias y me inquietaba pensar que algunos periodistas también serían muy felices «descubriendo» madres perdidas.

Por eso no me sentía muy cómoda rellenando un formulario

y echándolo al correo ni yendo a contar mi historia a un trabajador social, un trámite obligatorio en el Reino Unido si quieres abrir un expediente de adopción cerrado.

Mi búsqueda era complicada por el hecho de que antes de 1976 todas las adopciones en el Reino Unido se realizaban con expedientes cerrados. De este modo se aseguraba un anonimato de por vida para madres e hijos por igual. Cuando cambió la ley, la gente como yo podíamos solicitar nuestras partidas de nacimiento originales, y quizá de este modo contactar con nuestros parientes perdidos durante tanto tiempo. Pero todo debía hacerse de un modo formal y visible. Eso me daba miedo.

Ruth me puso en contacto con Anthony Douglas, director del Cafcass, el servicio de atención judicial a la infancia y la familia del Reino Unido. Él mismo había sido adoptado y tras un encuentro en el que comprendió mi apuro, se ofreció para ayudarme a localizar a mi madre sin correr el riesgo de que todo el asunto acabase siendo de dominio público antes de que yo estuviera preparada.

Le di a Anthony los nombres que había llevado conmigo durante cuarenta y dos años, los nombres de mis padres biológicos, Jessica y John, y sus apellidos, pero no puedo escribirlos aquí.

Unas semanas más tarde, me llamó para informarme de que habían localizado mi expediente. Acababan de hacerlo, porque el Registro Civil de Southport —en mi caso, el sótano— había sufrido una inundación y muchos expedientes habían quedado irreversiblemente dañados. Alcé la vista al cielo. Estaba claro que la señora Winterson se había enterado de lo que yo estaba buscando y organizó una riada.

Una semana más tarde, Anthony volvió a llamar. Habían

abierto mi expediente, pero los nombres que le había dado no coincidían con los nombres que aparecían en el expediente.

Entonces, ¿de quién era la partida de nacimiento que encontré en el cajón? ¿Y quién soy yo?

El siguiente paso consistía en correr el riesgo que tanto miedo me daba y solicitar el expediente al Ministerio del Interior por el procedimiento habitual, lo cual suponía visitar al trabajador social en la Oficina del Registro Civil de Southport, en Lancashire.

Susie se cogió un día de vacaciones para acompañarme y acordamos que me acercaría a Londres el mismo día, porque es mejor dormir en tu propia cama la víspera de algo así.

Aquella mañana cancelaron el tren que tenía pensado coger y el siguiente iba más y más despacio, con un motor averiado. Cuanto más despacio iba el tren, más rápido corría mi corazón. Terminé sentada junto a alguien que conocía de algo y que cuanto menos nos movíamos más hablaba.

Cuando llegué a Paddington, me di cuenta de que solo disponía de catorce minutos para llegar a King's Cross. Imposible. Aquello era Londres. Se tardaría por lo menos veinte minutos en taxi. Solo tenía una esperanza y era Virgin Limobikes, un servicio de mototaxis que suelo usar.

En cuanto salí de la estación de Paddington la enorme moto ya estaba con el motor encendido. Salté al asiento de atrás y salimos rugiendo entre el tráfico londinense; aunque no soy una gallina, tuve que cerrar los ojos.

Ocho minutos más tarde estaba en el andén, quedaban tres minutos para que saliera el tren y allí estaba Susie —con sus cinco pies dos pulgadas—, con unas botas altas de ante, abalorios, falda corta, el pelo revuelto y un abrigo dorado de Calvin Klein, con aspecto angelical y preciosa, pero bloqueando la puerta del tren con su cuerpo, en parte mandando y en parte flirteando con un perplejo revisor, porque no iba a permitir que el tren se marchara hasta que yo estuviera montada.

Me abalancé hacia la puerta. Sonó el silbato.

Estábamos camino de la Oficina del Registro Civil, con mi pasaporte y mis dos papeles arrugados y llenos de tachones: la Orden de Adopción y la ITV del bebé. Había pesado exactamente seis libras, nueve onzas.

Susie y yo estamos sentadas en un funcional despacho de esos que son iguales en cualquier parte del mundo; mesa de aglomerado con patas de metal; una mesita redonda de café con sillas semitapizadas con un verde marciano y un naranja psicótico. Losas de moqueta en el suelo. Un armario archivador y un tablón de anuncios. Gran radiador. Ventana desnuda.

Susie es una de las mejores psicoanalistas del mundo. Cuando comienza la entrevista me sonríe, sin decir nada, apoyándome con su mente. Puedo sentirlo con total claridad.

La trabajadora social que he venido a ver es una mujer amable y espontánea llamada Ria Hayward.

Habla durante un rato sobre la protección de datos y sobre las distintas leyes de adopción en el Reino Unido y sobre las vías habituales de contacto. Si quiero seguir adelante habrá unas formalidades. Siempre las hay.

Mira mis papeles —la Orden Judicial y la ITV del bebé— y se fija en que mi madre me había dado el pecho.

—Es lo único que podía darte. Te dio lo que pudo. No tenía

por qué hacerlo y habría sido todo más fácil para ella si no lo hubiera hecho. Es un gran vínculo, dar el pecho. Cuando te dio en adopción a las seis semanas de vida, todavía formabas parte de su cuerpo.

No quiero llorar. Estoy llorando.

Entonces Ria me pasa un papel con un adhesivo cubriendo la información.

—Aquí está el nombre de tu madre biológica y aquí tu nombre original. Nunca lo miro porque considero que la persona adoptada debe verlas primero.

Me pongo en pie. No puedo respirar.

—Entonces, ¿es esto?

Susie y Ria me sonríen mientras me llevo el papel hacia la ventana. Leo los nombres. Lágrimas.

No sé por qué. ¿Por qué lloramos? Los nombres son como runas.

Escrito en el cuerpo es un código secreto que solo se puede ver bajo determinadas luces.

Ria: «Durante muchos años he aconsejado a un montón de madres que daban a sus hijos en adopción y puedo asegurarte, Jeanette, que nunca quieren hacerlo. Te querían, ¿lo entiendes?».

No. Nunca me he sentido querida. Soy la cuna equivocada.

«¿Lo entiendes, Jeanette?»

No. Y durante toda mi vida he repetido pautas de rechazo. El éxito con mis libros fue como colarse sin pagar. Cuando la crítica y la prensa se centraban en mí, rugía rabiosa, y no, no creía en las cosas que decían sobre mí o sobre mi obra, porque para mí mi escritura siempre ha sido clara y luminosa, incontaminada, pero sabía que no era querida.

Y he amado de un modo muy extravagante, en el que mi amor no podía ser correspondido de una manera sana y firme, triángulos de matrimonios y complicadas afiliaciones. No he conseguido amar bien cuando tendría que haberlo hecho, y he aguantado demasiado en algunas relaciones solo porque no quería ser una rajada que no sabe amar.

Pero no sé amar. Si hubiera podido afrontar ese hecho tan simple sobre mí y la probabilidad de que alguien con mi historia (mis historias, la real y la inventada) tuviera grandes problemas con el amor, entonces, entonces, ¿qué?

Escucha, somos seres humanos. Escucha, tenemos tendencia a amar. El amor está ahí, pero nos tienen que enseñar a usarlo. Queremos ponernos en pie, queremos andar, pero alguien tiene que cogernos de la mano, equilibrarnos un poco, guiarnos un poco y levantarnos cuando nos caemos.

Escucha, nos caemos. El amor está ahí pero tenemos que aprenderlo, y sus formas y sus posibilidades. Aprendí a ponerme en pie sola, pero no podía aprender a amar sola.

Tenemos una capacidad para el lenguaje. Tenemos una capacidad para el amor. Necesitamos de otra gente para liberar esas capacidades.

En mi trabajo encontré un modo de hablar sobre el amor, y eso era real. Pero no encontré un modo de amar. Eso era cambiante.

Estoy sentada en la habitación con Susie. Ella me ama. Yo quiero aceptarlo. Quiero amar bien. Pienso en los últimos dos años y en cómo intento disolver las calcificaciones que rodean mi corazón.

Ria sonríe y su voz viene de muy lejos. Todo esto me parece

tan presente porque es tan incómodo, y tan lejano porque no puedo centrarme. Ria sonríe.

«Te querían, Jeanette.»

En el tren de regreso Susie y yo abrimos media botella de bourbon Jim Beam.

—Regulación afectiva —dice, y, como siempre con Susie—: ¿Cómo te sientes?

En la economía del cuerpo, la autopista límbica tiene preferencia sobre las carreteras neurales. Estamos diseñados y construidos para sentir, y no existe un solo pensamiento, un solo estado mental, que no sea también un estado de sentimiento.

Nadie puede sentir demasiado, aunque muchos de nosotros nos empeñamos en sentir muy poco.

Sentir da miedo.

Bueno, a mí me lo parece.

El tren estaba en silencio, con ese ambiente de agotamiento de los trabajadores que regresan a sus alejados hogares. Susie iba sentada enfrente de mí, leyendo, envolviendo mis pies con sus pies por debajo de la mesa. Yo repetía un poema de Thomas Hardy en mi mente:

> *Nunca decir adiós*
> *ni susurrarme una suave llamada,*
> *ni murmurar un deseo por una palabra, mientras yo*
> *veía la mañana endurecerse sobre la pared,*
> *impasible, ignorando*
> *que tu gran partida*
> *tenía lugar en ese momento, alterándolo todo.*

Era un poema que aprendí después de que Deborah me dejara, pero la «gran partida» ya había sucedido a las seis semanas de vida.

El poema encuentra la palabra que encuentra el sentimiento.

Ria me había dado el nombre del juzgado en el que se podría haber conservado mi expediente de adopción. La vida era local en 1960 y, si bien yo pensaba que tendría que buscar en algún lugar de Manchester, resultó que mi expediente estaba en Accrington. Había pasado ante él todos los días de mi vida hasta que me marché de casa.

Escribí una sencilla carta preguntando si conservaban mi expediente.

Un par de semanas más tarde recibí una respuesta; sí, habían localizado el archivo y ahora habría que enviar al juez mi solicitud para verlo.

Eso no me gustó; Ria me había dicho que tenía derecho a ver el expediente, aunque nadie supiera qué había o dejaba de haber en él. A veces hay un montón de material, a veces muy poco. Por lo menos podría encontrar el nombre de la sociedad de adopción que me entregó a los Winterson, el nombre que había sido arrancado con tanta violencia de la amarillenta y descolorida ITV del bebé.

Quería ver esos archivos. ¿Quién era ese juez, ese hombre desconocido que tenía la autoridad? Estaba furiosa, pero sabía lo suficiente para saber que estaba llegando a una furia muy antigua y radiactiva.

Susie había ido a Nueva York y se vio atrapada por la nube de cenizas que dejó en tierra a todos los aviones en Europa y el Atlántico.

Yo estaba sola cuando llegó otra carta del juzgado. El juez había hablado. «El solicitante debe rellenar el formulario habitual y remitirlo.»

Búsquese un abogado, aconsejaba la carta.

Me senté en las escaleras del patio, mirando el papel una y otra vez, como quien no sabe leer. Cada cierto tiempo mi cuerpo temblaba ligeramente, como cuando rozas una valla electrificada.

Fui a la cocina, cogí un plato y lo lancé contra la pared… «Solicitante… formulario habitual… remitirlo…» No es una solicitud de una puta tarjeta de crédito, imbécil.

Lo que sucedió a continuación me avergüenza, pero me obligaré a escribirlo: me oriné encima.

No sé por qué ni cómo. Sé que perdí el control de la vejiga y que me senté en las escaleras mojada y sucia, y no podía levantarme para limpiarme y lloré del modo en que se llora cuando no puedes hacer más que llorar.

No tenía nada a que aferrarme. No era Jeanette Winterson en su casa, con libros en las estanterías y dinero en el banco; era un bebé y tenía frío, estaba meada y un juez me había quitado a mi mamá.

Al cabo de un rato, ya estoy seca y con ropa limpia. Me he tomado algo. Llamo a Ria. Me dice: «No existe un formulario habitual. No necesitas un abogado. Esto es una locura. Déjamelo a mí, Jeanette. Te ayudaré».

Aquella noche me tumbé en la cama pensando en lo que había pasado.

Ese juez del Juzgado de Familia con tanta experiencia, ¿tenía alguna idea de lo que es estar al borde de tu vida y mirar al cráter?

¿Tan difícil era enviarme el formulario «habitual» o decirme dónde podía descargarlo, o que un empleado de los juzgados me ayudara con esa jerga legal?

Empecé a temblar otra vez.

La «pérdida perdida» es impredecible y no está civilizada. Me arrojaron a un lugar de impotencia, indefensión y agonía. Mi cuerpo respondía antes que mi cabeza. Normalmente, una petulante y confusa carta del mundo legal me daría risa y simplemente negociaría con ella. No me dan miedo los abogados y sé que la ley es muy grandilocuente y está diseñada para intimidar, incluso cuando no hay motivos para ello. Está diseñada para que la gente corriente se sienta incapaz. Yo no suelo sentirme incapaz, pero tampoco me esperaba volver a tener seis semanas de edad.

Ria comenzó a investigar y descubrió que tras la auxiliadora simplicidad de la primera entrevista con ella, la realidad subsiguiente de tratar con los juzgados era demasiado dura. La gente lo dejaba.

Decidimos que pasara lo que pasase con mi búsqueda, intentaríamos diseñar unas pautas para los juzgados y un mapa para los usuarios, a fin de hacer el proceso menos espantoso.

Una funcionaria de la Oficina del Registro Civil que quiso ayudarme escribió directamente al juzgado diciendo que ya habían reconocido mi identidad en el Ministerio del Interior, que ella podía verificarla y verificar mi caso, y que se encargaría personalmente de recibir el expediente del juzgado.

No, dijo el juez. No es el procedimiento.

Me pregunté qué habrían esperado de mí si hubiera vivido en

el extranjero. ¿Habría tenido que comprar un billete de avión, a hacer todo esto en un lugar extraño, sin ayuda, a menos que comprara dos billetes de avión? ¿Qué será de todos los niños de la posguerra que fueron enviados a Australia?

La vida de las personas importa menos que el procedimiento…

Susie y yo solicitamos una cita en los Juzgados de Accrington. En la sala de espera había una fila de jóvenes de aspecto miserable, incómodos en sus trajes baratos, esperando librarse de denuncias por conducir bajo los efectos del alcohol. Las chicas iban muy maquilladas, tenían un aspecto desafiante y asustado por alguna denuncia por hurto o desórdenes públicos.

Nos llamaron y pasamos a una de esas salas en las que los abogados hablan con sus clientes y, al cabo de un rato, llegó el secretario del juzgado, que parecía irritado e infeliz. Me dio lástima.

Tenía un viejo expediente en una mano y un grueso libro de procedimientos en la otra. Sabía que yo iba a causar problemas.

De hecho, me alteré tanto al ver los papeles encima de la mesa —los papeles con todos los detalles sobre mis orígenes—, que casi no podía hablar. Una de las consecuencias de esta experiencia de retroadopción, estas alienantes formalidades legales, es que tropiezo con mis palabras, titubeo, hablo más lento y finalmente me callo. La pérdida perdida que experimento como dolor físico es anterior al lenguaje. Esa pérdida sucedió antes de que pudiera hablar, y vuelvo a ese lugar, sin habla.

Susie estuvo encantadora, resuelta e implacable. El pobre hombre no estaba seguro de lo que podía contarnos y lo que no podía. Había tantas cosas que yo quería saber, pero el juez todavía no había autorizado la copia «redactada». Se suponía que yo tenía que firmar unos cuantos formularios en persona, irme, y esperar a que me enviaran los documentos más adelante.

Pero el expediente estaba sobre la mesa... No más adelante..., que sea ahora.

El secretario del juzgado estuvo de acuerdo en que podía decirme el nombre de la sociedad de adopción. Aquello era una información muy útil. Lo escribió en un trozo de papel y fotocopió el original con la letra del funcionario; ¡oh, qué antiguo parece! Los formularios que tiene son amarillos y están escritos a mano.

¿Estará ahí la fecha de nacimiento de mi madre? Eso me ayudaría a encontrarla. Menea la cabeza. No puede decirme eso.

De acuerdo, entonces, escucha, mi madre adoptiva, la señora Winterson, siempre decía que mi madre biológica tenía diecisiete años. Si sabía su edad podría empezar a usar la página web de antepasados para encontrarla, pero su nombre es demasiado corriente y aunque pudiera reducirlo a dos posibilidades, no sabría cuál seguir. Y las dos podrían resultar erróneas. Esto es la bifurcación del sendero. Esto es donde se divide el universo. Ayúdame.

Él está sudando. Consulta el libro de procedimiento. Susie me pide que salga de la habitación.

Dando un golpe a las puertas batientes salgo a la acera con los jóvenes que quedan, algunos de los cuales tienen aspecto bravucón y aliviado, y algunos están desesperados, y todos fuman y hablan a la vez.

Me gustaría no estar aquí. Me gustaría no haber empezado esto. ¿Por qué lo empecé?

Y vuelvo a estar en la caja cerrada con la porcelana Royal Albert, y los papeles escondidos al fondo, y más atrás la partida de nacimiento equivocada, ¿quién era la mujer que se presentó en casa y asustó a la señora Winterson, haciéndola llorar y enfurecer?

Cuando vuelvo a entrar, Susie ha obtenido del secretario del juzgado la promesa de que iría a preguntar al juez de guardia lo que puede y no puede decirme del expediente. Tenemos que volver pasados cuarenta y cinco minutos.

Así que salimos y nos sentamos en la terraza de una cafetería que sirve enormes tazas de té y me doy cuenta de que ese local que prepara hamburguesas y patatas fritas fue antes la Palatina, adorada por la señora W, las tostadas con judías y las oscuras ventanas de mi futuro en el campo de las misiones.

—Tuve que mandarte fuera para que te callaras —dijo Susie.

La miro sorprendida. Pensaba que había estado completamente en silencio.

—¿No recuerdas lo que dijiste? En realidad no fue nada. Solo balbuceos, ¡pobre tipo!

¡Pero yo no balbuceo! Mi mente está en blanco, no un poco en blanco, sino completamente en blanco. Es evidente que me estoy volviendo loca otra vez. Debería parar todo esto ahora. Odio estar en Accrington. No quiero recordar nada de esto.

No he estado aquí desde el funeral de papá.

Durante mi época loca/época mala, subía en coche a Lancashire una vez al mes para visitar a papá y él venía a quedarse conmigo en el campo. Él estaba cada vez más débil, pero le encantaban las visitas, y en 2008 iba a venir a pasar las navidades conmigo.

Me encargué de que lo trajeran en coche y se sentó frente a la chimenea, mirando por la ventana. El médico le había recomendado no viajar, pero él estaba decidido a venir y yo también estaba decidida y había hablado con su médico, que me dijo que papá casi no comía.

Cuando llegó le pregunté con mucho tacto si quería morir, y él sonrió y me dijo: «Después de Navidad».

Era y no era una broma. En Nochebuena me di cuenta de que nunca conseguiría llevarlo a la cama, así que preparé unos cojines frente a la chimenea y medio tiré de él medio lo empujé para bajarlo de la silla a esa cama improvisada pero cómoda, lo desvestí y yo hice lo mismo, y lo metí en su pijama. Se quedó dormido al instante bajo la tenue luz del hogar y me senté con él, hablándole, contándole que deseaba que lo hubiéramos hecho bien antes, pero que era algo bueno, algo alegre, que al menos lo hubiéramos hecho bien.

Me fui a la cama y me desperté sobresaltada a eso de las cuatro de la madrugada y bajé las escaleras. Los gatos estaban tumbados en la cama de papá, muy tranquilos, y papá respiraba débilmente pero respiraba.

El cielo estaba lleno de estrellas y a esa hora del día/noche parecen más bajas y más cercanas. Abrí las cortinas para dejar entrar las estrellas, por si papá se despertaba, en este mundo o en cualquier otro.

No murió aquella noche y dos días más tarde Steve, de la iglesia, vino a recogerlo para llevarlo de vuelta a Accrington. Cuando partieron me di cuenta de que, entre la confusión de maletas y pasteles y regalos, no le había dicho adiós, así que corrí a mi Land Rover y los perseguí, pero cuando les di alcance en el semáforo que hay tras la colina, el semáforo cambió de color rápidamente y desaparecieron.

Al día siguiente papá murió.

Conduje hasta Accrington, hasta la residencia. Papá estaba expuesto en su habitación, fantásticamente afeitado y arreglado. Lo había hecho Nesta, la dueña. «Me gusta hacerlo —dijo—. Es mi estilo. Siéntate con él mientras te traigo un té.»

Había una tradición en el norte de Inglaterra que consistía en que si querías mostrar respeto, servías el té en tacitas pequeñas. Nesta, que es una giganta, volvió con un juego de té de casita de muñecas, incluidas unas pinzas para el azúcar del tamaño de las pinzas para las cejas. Se sentó en una silla y yo me senté en el sofá junto a papá muerto.

—Tendrás que ver al juez de instrucción —me dijo—, podrías haberlo envenenado.

—¿Envenenar a mi padre?

—Sí. Con un pastel de carne. El médico le dijo que no viajara. Fue a visitarte con vida, regresa aquí y se muere. La culpa es de Harold Shipman.

Harold Shipman era el caso más reciente de una lista de médicos macabros que se han cargado a un gran número de pacientes ancianos. Pero él no se había cargado a papá.

—Quiero decir —dijo Nesta— que ahora lo miran todo con lupa. El juez tendrá que entregar el cadáver antes de que podamos enterrar a tu padre. Hazme caso, Harold Shipman nos ha hecho una faena a todos.

Sirvió más té y sonrió a mi padre.

—Míralo. Está con nosotras. Se nota.

El juez entregó el cadáver, pero los momentos de comedia negra no habían terminado. Papá poseía una parcela funeraria, pero tras el funeral, cuando habíamos llegado al cementerio, mi cheque para pagar la apertura de la tumba no había llegado. La tumba estaba lista pero el cementerio quería el dinero. Fui a las oficinas y pregunté qué tenía que hacer. Uno de los empleados empezó a explicarme dónde podía encontrar el cajero más cercano.

—Mi padre está ahí fuera en su ataúd. No puedo ir al cajero —dije.

—Bueno, normalmente insistimos en el pago por adelantado porque una vez que enterramos a una persona no podemos sacarla si los familiares se van sin pagar.

Intenté convencerlos de que no iba a irme sin pagar. Por fortuna, tenía un ejemplar de *Las naranjas no son la única fruta* en el bolso —iba a ponerlo en el ataúd de papá pero me lo pensé mejor—. Les impresionó bastante el libro y uno de ellos lo había visto en la tele, así que... tras unas pocas protestas, aceptaron que les extendiera otro cheque allí mismo y mi padre, en su ataúd de sauce, fue bajado a la tumba que comparte con su segunda esposa. Esa fue su voluntad.

La señora Winterson descansa más lejos. Sola.

Llegó el momento de volver al juzgado.

—Tú solo mantén la boca cerrada —me dijo Susie.

El secretario del juzgado parecía mucho más alegre. El juez lo había autorizado a confirmar la edad de mi madre, aunque no su fecha de nacimiento. Tenía diecisiete años. Así que la señora Winterson me había dicho la verdad sobre eso.

Llevé a Susie a ver mi casa, el 200 de Water Street, y la iglesia de Elim en Blackburn Road, y la biblioteca, ahora vilmente despojada de muchos de sus libros, incluida la literatura inglesa de la A a la Z.

Como en la mayoría de las bibliotecas del Reino Unido, los libros son ahora menos importantes que los ordenadores y el préstamo de discos compactos.

Después condujimos de vuelta a Manchester, pasando por Blackley, donde había vivido mi madre. ¿Estaría ahí ahora? ¿Sería ella esa mujer que esperaba en la parada del autobús?

La señora Winterson me dijo que había muerto. ¿Verdadero? ¿Falso?

La sociedad de adopción había desaparecido hacía mucho tiempo, así que ahora había otro mugriento expediente por encontrar. Telefoneé a la nueva autoridad y, medio tartamudeando, medio balbuciendo, les di mis datos.

—¿Cómo se llama?

—Jeanette Winterson.

—No, el nombre que le pusieron al nacer. Ese es el que aparecerá en nuestros archivos, no Winterson. ¿Es usted la autora del libro *Las naranjas no son la única fruta*?

Pesadilla pesadilla pesadilla.

Les dejo que se encarguen del expediente y me pongo a investigar en la página web de antepasados.

No tengo el más mínimo interés por la conservación de documentos. Quemo el trabajo inacabado y quemo mis diarios, y destruyo las cartas. No quiero vender mis papeles de trabajo a Texas y no quiero que mis papeles personales se conviertan en tesis doctorales. No entiendo las obsesiones con el árbol genealógico. Pero entonces no lo haría, ¿o sí?

Mis búsquedas en la red me condujeron a creer que mi madre se casó después de que me adoptaran. El nombre de mi padre no aparecía en mi partida de nacimiento así que no tenía ni idea de si los dos comenzaron una nueva vida juntos, empezando de cero, o si ella se vio obligada a llevar una vida con otra persona.

Sea como fuere, al instante sentí un injustificado desprecio por el hombre con el que se casó y recé para que no fuera mi padre. Su nombre no es Pierre K. King, pero es un nombre parecido, con ese absurdo toque afrancesado.

Entonces, para mi alivio, descubrí que él y mi madre se divorciaron bastante pronto, y que él murió en 2009.

Pero también descubrí que tenía un hermano, o al menos un hermanastro, y que no tendría que haber sido tan dura con el padre, que podría ser o no podría ser mi padre.

¿Por qué se deshicieron de mí? Tenía que haber sido culpa de él porque yo no podía aceptar que fuera cosa de ella. Tenía que creer que mi madre me quería. Eso era arriesgado. Eso podía ser una ilusión. Si me habían querido, ¿por qué ya no me querían seis semanas más tarde?

Y me preguntaba si una gran parte de mi negatividad hacia los hombres en general estaría relacionada con estos orígenes perdidos.

Ya no me siento negativa hacia los hombres, eso es algo que cambió por completo cuando estaba volviéndome loca. Los hombres que conocía fueron amables conmigo, y descubrí que podía confiar en ellos. Pero mi cambio de corazón era algo más que específico; era una mayor compasión por todo el sufrimiento y las incapacidades de los seres humanos, hombres o mujeres.

Pero —nueva J W o no— estaba muy enfadada con el marido de mi madre. Quería matarlo aunque ya estaba muerto.

Ninguna respuesta de la sociedad de adopción. Tuve que gritarme a mí misma antes de poder llamarlos de nuevo. Marcar el número me pone en movimiento y me deja sin aliento.

Son todos muy amables; perdón, habían perdido mi número de teléfono. Ah, y no puedo ver el expediente, pero mi trabajadora social sí puede, siempre que no me dé detalles sobre los Winterson, lo cual creo que es una norma un tanto extraña, sobre todo teniendo en cuenta que ambos están muertos.

Ria escribe para preguntar por el expediente, y mientras tanto es mi cumpleaños, y mientras tanto he perdido la pista de mi madre, porque las mujeres cambian de apellido. ¿Se habrá vuelto a casar? ¿Estará viva?

Eso me preocupa. Tanto esfuerzo y puede que esté muerta. Siempre he creído que estaba muerta… Un cuento de la señora W.

Susie y yo volamos a Nueva York por mi cumpleaños.

—Creo que sabes cómo amar —me dice Susie.

—¿En serio?

—Creo que no sabes cómo ser amada.

—¿Qué quieres decir?

—Casi todas las mujeres pueden dar, nos entrenan para ello, pero a casi todas las mujeres les resulta difícil recibir. Eres generosa y eres amable, de lo contrario yo no querría estar contigo, da igual lo inteligente y lo admirable que seas. Pero nuestros conflictos y dificultades giran en torno al amor. No confías en que yo te quiera, ¿verdad?

No… Soy la cuna equivocada…; esto saldrá mal, como todo lo demás. En lo más profundo de mi corazón, eso es lo que creo.

El trabajo de amor que debo realizar ahora es creer que la vida se portará bien conmigo. No tengo que estar sola. No tengo que luchar por todo. No tengo que luchar contra todo. No tengo que escapar. Puedo quedarme porque es amor lo que se me ofrece, un amor sano, firme y estable.

—Y si tuviéramos que separarnos —dice Susie—, sabrás que tuviste una buena relación.

Te quieren, ¿lo entiendes, Jeanette?

Ria y yo quedamos en Liverpool, donde ella vive. Llega a mi hotel con un nuevo sobre y siento la familiar sequedad y el pulso acelerado.

Nos tomamos algo. Sale otro viejo formulario.

—Bien —dice Ria—, los papeles que acreditan tu pertenencia a la clase obrera. ¡Tu padre fue minero! Y solo medía cinco pies y dos pulgadas. Mira, alguien lo ha escrito a lápiz en el reverso. Se le daba bien el deporte. Tenía veintiún años. Pelo oscuro.

¡Y no es Pierre K. King! ¡Alegría!

Pienso en mi propio cuerpo. Mido solo cinco pies justos, y por norma genética, las hijas no salen más altas que sus padres, así que en lo que respecta a la altura hice todo lo que pude.

La parte superior de mi cuerpo es fuerte, del tipo acostumbrado a arrastrarse por túneles bajos y a tirar de carros de carbón y a trabajar con maquinaria pesada. Puedo llevar a Susie en brazos con facilidad, en parte porque voy al gimnasio, pero también porque mi fuerza se concentra en mi mitad superior. Y siempre tuve problemas pulmonares…, herencia del minero.

Entonces pienso en que en 1985, el año en que publiqué *Las naranjas…*, Margaret Thatcher se cargaba el Sindicato Nacional de Mineros para siempre. ¿Estaría mi padre entre los piquetes?

En el formulario aparece por fin la fecha de nacimiento de mi madre; es sagitario, igual que mi padre.

Donde pone «Motivos de la adopción», mi madre ha escrito con su letra: «Es mejor para Janet que tenga una madre y un padre».

Gracias a mi búsqueda en la página de antepasados, sé que su padre murió cuando ella tenía ocho años. Y sé que eran diez hermanos.

Es mejor para Janet que tenga una madre y un padre.

Así que yo era Janet, no es muy distinto de Jeanette, pero la señora Winterson fue quien decidió afrancesarlo. Sí, ella lo haría…

—No estoy autorizada a contarte mucho sobre los Winterson, me dijo Ria. Esa información es confidencial, pero hay cartas de la señora Winterson diciendo que desea poder adoptar un bebé, y hay una nota del trabajador social que los visitó, confirmando que el retrete exterior está limpio y en buen estado… Y una notita que dice que tu futura mamá y tu futuro papá «no son precisamente lo que uno llamaría modernos».

Ria y yo nos echamos a reír, aquel comentario era de 1959. Si en aquel entonces no eran modernos, ¿cómo podrían ponerse al día cuando llegaran los años sesenta?

—Y hay algo más —dijo Ria—. ¿Estás preparada?

No. No estoy preparada para nada de esto. Tomemos otra copa.

En ese momento entra una directora de teatro a la que conozco de algo —se aloja en el mismo hotel—, y de repente estamos las tres tomando copas y charlando, y me gustaría ser uno de esos personajes de dibujos animados con una sierra asomando por el suelo y cortando un gran círculo alrededor de mi silla.

El tiempo pasa.

¿Estás preparada?

—Había otro bebé… antes que tú…, un chico…, Paul.

¿Paul? ¿Mi santo hermano invisible Paul? El chico que podrían haber tenido. El que jamás habría tirado su muñeca al estanque, ni rellenado la funda de su pijama con tomates. El diablo nos puso en la cuna equivocada. ¿Estamos de vuelta en el principio? La partida de nacimiento que encontré, ¿sería, de hecho, la de Paul?

Ria no sabe qué sucedió con Paul, pero hay una nota de la señora Winterson que no se me permite ver, en la que expresa su gran decepción y explica que ya había comprado la ropa para Paul y que no se podía permitir una nueva.

Empiezo a asimilar que la señora Winterson esperaba recibir un chico y que, como no podía permitirse tirar la ropa, me vistieron como a un niño… Así que comencé mi vida no como Janet, no como Jeanette, sino como Paul.

Oh no, oh no, oh no, y yo que pensaba que mi vida era todo opción sexual, feminismo y y… resulta que empecé siendo un chico.

Nunca preguntes por quién doblan las campanas.

Hay una ironía tan desgarradora en esta absurda explicación para todo que mis sentimientos hacia todas mis madres y todas mis identidades de repente son alegres y no temerosos. La vida ridícula. Vida caótica y loca. Recito en mi cabeza el poema de Anne Sexton, el último de su colección *The Awful Rowing toward God* (1975). Es el que se titula «Se acabó el remar». Ella se sienta con Dios y…

> *«¡Adelante!», dice Él, así que*
> *nos sentamos en las rocas junto al mar*
> *y jugamos —puede ser cierto—*
> *una partida de póquer.*
> *Va con su apuesta.*
> *Gano yo porque tengo una escalera real.*
> *Gana Él porque tiene cinco ases.*
> *Se anunció que había un comodín*
> *pero no lo oí*
> *debido a lo intimidada que estaba*
> *mientras Él barajaba y repartía.*
> *Cuando Él pone sobre la mesa sus cinco ases*
> *y yo sonrío por mi escalera real,*
> *Él empieza a reír,*
> *la risa sale como una espiral de Su boca*
> *hasta la mía,*
> *una risa tal que Él se dobla sobre mí*
> *riéndose con un coro de alegría por nuestros dos triunfos.*
> *Entonces me río, el muelle de pescadores se ríe,*
> *el mar se ríe. La Isla se ríe.*
> *El Absurdo se ríe.*
>
> *Querido crupier,*
> *yo, con mi escalera real,*

te amo por tu comodín,
esa carcajada indomable, eterna, salida de las entrañas,
y dichoso amor.

Y dichoso amor. Sí. Siempre.

Susie me dice que las madres lo hacen todo distinto con los bebés niños: los cogen de un modo diferente y les hablan de un modo diferente. Cree que si la señora W se había preparado psicológicamente para un chico durante el largo proceso de espera para la adopción, no habría sido capaz de cambiar su mecanismo interno cuando le entregaron una niña. Y yo, sensible a todas las señales, porque estaba intentando sobrevivir a una pérdida, intentaría negociar entre lo que se me ofrecía y lo que necesitaba.

Quiero dejar claro que no creo que la identidad o la identidad sexual se fijen de este modo, pero creo que tiene sentido tener en cuenta lo que me sucedió a mí, sobre todo porque la señora Winterson debía de tener confusión suficiente para las dos.

Siempre se lamentaba porque yo nunca me separaba de mis pantalones cortos, pero ¿quién me los puso primero?

Me sentía liberada por esa nueva información, pero todavía estaba lejos de encontrar a mi madre.

Tuve suerte porque un amigo mío posee una mente críptica como un crucigrama y adora los ordenadores. Se empeñó en ayudarme a encontrar mi árbol genealógico y se pasó horas conectado a la página de antepasados buscando pistas. Buscó parientes masculinos porque los hombres no cambian sus apellidos.

Finalmente dio con un resultado directo, un tío mío. Usó el

censo electoral para encontrar la dirección. Luego buscó su número de teléfono. Durante tres semanas estuve ensayando la llamada. Tenía que inventarme una historia para cubrirme.

Una mañana de sábado, con el corazón latiendo como un pajarito agónico, llamé. Un hombre respondió.

—Hola —dije—. No me conoce, pero su hermana y mi madre estuvieron muy unidas hace tiempo.

Bueno, aquello era en parte cierto, ¿no es así?

—¿Qué hermana? —preguntó—. ¿Ann o Linda?

—Ann.

—Oh, Ann, ¿cómo ha dicho que se llama? ¿Quiere ponerse en contacto con ella?

Mi madre estaba viva.

Mis sensaciones al colgar el teléfono eran una mezcla de euforia y miedo. La señora Winterson había mentido; mi madre no estaba muerta. Pero eso significaba que tenía una madre. Y toda mi identidad se había construido en base al hecho de ser huérfana, e hija única. Pero ahora tenía una serie de tíos y tías… y quién sabe cuántos trozos de hermanos y hermanas.

Decidí escribir una carta a Ann y mandarla a la dirección del tío.

Una semana más tarde recibí un mensaje en el móvil de un número desconocido. Comenzaba así: «Chica encantadora». Pensé que era de una agencia de señoritas de compañía rusas y estuve a punto de borrarlo. A un compañero de trabajo le habían robado el portátil y desde entonces yo recibía mensajes locos de bellezas bálticas buscando marido.

Susie me quitó el teléfono.

—¿Y si es de Ann?

—¡Pues claro que no es de Ann!

Lo abrí; el problema era que las bellezas bálticas siempre empezaban con cosas como «No me puedo creer que seas tú…», igual que este.

—¿Quieres que marque yo el número? —dijo Susie.

Sí. No. Sí. No. Sí. No. Sí.

Susie fue al piso de abajo con mi teléfono y yo hice lo que siempre hago cuando me veo superada: me fui a dormir.

Cuando Susie subió, me encontró roncando. Me sacudió para despertarme.

—Era tu madre.

Unos días después, llegó una carta con una foto de mí a las tres semanas de vida; parecía bastante preocupada, creo. Pero Susie dice que todos los bebés parecen preocupados. Y, ¿quién iba a culparnos?

La carta me cuenta que tenía dieciséis años cuando se quedó embarazada —mi padre tenía el pelo muy negro—. Cómo me cuidó durante seis semanas en un albergue para madres antes de entregarme. «Fue muy duro, pero no tenía dinero ni un lugar adonde ir.»

Me dice que nunca fui un secreto. Yo, que pensaba debido a la señora Winterson que todo tenía que ser un secreto: libros y amantes, nombres auténticos, vidas auténticas.

Y después ella escribía: «Siempre te quise».

¿Lo entiendes, Jeanette? Siempre te quisieron.

14

Extraño encuentro

[...] mi madre salió corriendo calle abajo tras de mí. Miradla, como un ángel, como un rayo de luz, corriendo junto al cochecito. Levanté las manos para cogerla y ahí estaba la luz, su perfil, pero como ocurre con los ángeles y con la luz, mamá se desvaneció.

¿Será esa ella, al final de la calle, cada vez más pequeña, como una estrella a años luz de distancia?

Siempre creí que volvería a verla.

Planeta Azul (2007)

Estaba hablando con mi amiga la directora de cine Beeban Kidron. Fue ella quien dirigió la versión televisiva de *Las naranjas no son la única fruta* y nos conocemos desde hace mucho tiempo. Las dos hemos sido personas volubles y difíciles —la una con la otra y también con muchos otros—, pero ambas hemos llegado a una especie de acuerdo con la vida; no un compromiso, sino un acuerdo.

Nos reíamos de la señora Winterson y de lo monstruosa e imposible que era, pero totalmente adecuada para alguien como yo, que, al igual que ella, jamás habría aceptado una vida descafeinada. Ella se volcó en su interior; yo me volqué al exterior.

—¿Qué habrías sido sin ella? —me preguntó Beeban—. Sé que eras imposible, pero por lo menos hiciste algo con ello. ¡Imagínate que hubieras sido imposible sin más!

Sí… Tuve una experiencia inquietante en Manchester. Había inaugurado una exposición de mujeres surrealistas en la Galería de Arte de Manchester y a última hora de la noche me encontraba con los patrocinadores en un bar.

Era uno de esos bares que antes fueron un sótano para las basuras, pero la Manchester de la pasta gansa, la ciudad original y alquímica, convertía toda su escoria en oro. ¿Por qué guardar las bolsas de basura en los bajos, cuando podías llenarlos de luces azuladas, traerte una pirámide de zancudos taburetes de cromo, tapar las mierdosas paredes con espejos deformantes y cobrar veinte pavos por un vodka martini?

Un vodka martini muy especial, por supuesto, hecho con vodka de patatas en una elegante botella de color azul humo y mezclado para ti delante de tus propios ojos por un camarero amanerado con un buen movimiento de mano.

Aquella noche me había puesto una falda de raya diplomática de Armani, una blusa rosa, unos Jimmy Choo y —por motivos que no puedo escribir aquí— me había echado espray bronceador.

De pronto fui consciente de que de todas todas habría estado en ese bar aquella noche. Si no hubiera descubierto los libros, si no hubiera transformado mis rarezas en poesía y la rabia en prosa, bueno, tampoco habría sido una don nadie sin dinero. Habría aprovechado la magia de Manchester para hacer mi propia alquimia.

Habría tenido propiedades y amasado una fortuna. A estas alturas ya me habría puesto tetas y estaría con mi segundo o tercer marido, y viviría en una casa estilo rancho, con un Range Rover en la puerta y un jacuzzi en el jardín, y mis hijos no me hablarían.

Llevaría la misma ropa de Armani, me echaría el mismo espray bronceador y bebería muchos de estos vodka martinis en uno de esos bares azules en los sótanos.

Soy de ese tipo de personas que prefieren caminar a esperar el autobús. De ese tipo de personas que prefieren dar un rodeo a aguantar un atasco. De ese tipo de personas que asumen que cualquier problema está ahí para que yo lo resuelva. Soy incapaz de hacer cola, prefiero renunciar a cualquier cosa si tengo que hacer cola, y no acepto un no por respuesta. ¿Qué es «no»? O bien que has hecho la pregunta equivocada, o bien que has preguntado a la persona equivocada. Encuentra un modo de obtener el «sí».

—Necesitas obtener el «sí» —dijo Beeban—. Una especie de sí a lo que fuiste y eso significaría reafirmar el pasado. No sé por qué, después de todo este tiempo, pero así es.

Supongo que se debe a los caminos que se bifurcan. Sigo viendo mi vida partiendo en las distintas direcciones que podría haber tomado, como azar y circunstancia, temperamento y deseo, abrir y cerrar: abrir y cerrar puertas, rutas, carreteras.

Y sin embargo eso es el núcleo de lo que soy, al igual que, de entre todos los planetas en todos los universos, el planeta azul, este planeta Tierra, es el único que es nuestro hogar.

Creo que durante los últimos años he vuelto a casa. Siempre intenté crear un hogar para mí, pero no me sentía cómoda en mi propio cuerpo. Me he esforzado por ser la protagonista de mi propia vida, pero cada vez que verificaba el registro de personas desplazadas, seguía en él. No sabía cómo pertenecer.

¿Anhelar? Sí. ¿Pertenecer? No.

Ruth Rendell me llamó.

—Creo que deberías seguir y acabar con ello. Ahora que has encontrado a tu madre, tienes que verla. ¿Has hablado con ella por teléfono?

—No.

—¿Y por qué no?

—Tengo miedo.

—¡Algo raro pasaría contigo si no tuvieras miedo!

Ruth y su marido Don eran elementos estables en mi vida y me cuidaban, aunque aquellos días yo estaba salvaje y bastante loca. Confío en ella y (casi) siempre hago lo que me dice. No era muy propio de ella llamarme e interrogarme, pero tuvo la sensación de que yo estaba intentando escapar. Y lo estaba. Me había pasado un año acercándome a este momento y ahora pedía tiempo.

—¿Qué tren vas a coger?

—Está bien… Está bien.

Está bien. Así que a pesar de la nieve y a pesar del hecho de que las noticias de la tele nos decían que nos quedáramos todos en casa, cogí un tren para Manchester. Decidí pasar la noche en un hotel y tomar un taxi para ir a ver a Ann a la mañana siguiente.

Me gusta el hotel y a menudo me alojo allí. Me alojé allí la víspera del funeral de mi padre.

Al día siguiente, mientras llevaban el ataúd de mi padre a la iglesia, me derrumbé. No había pisado aquella iglesia desde hacía treinta y cinco años, y de pronto todo volvió a ser presente; el presente antiguo.

Cuando me levanté para decir unas palabras sobre papá, dije: «Las cosas que lamento en mi vida no son las decisiones equivocadas, sino los sentimientos equivocados».

Estaba pensando en eso mientras cenaba en silencio en mi habitación.

Todavía existe la fantasía popular, reprobada desde siempre por el psicoanálisis y la ciencia, y en la que jamás creyeron poetas ni místicos, de que es posible tener un pensamiento sin un sentimiento. No lo es.

Cuando somos objetivos también somos subjetivos. Cuando somos neutrales, nos implicamos. Cuando decimos «creo que», no dejamos nuestras emociones al otro lado de la puerta. Pedirle a alguien que no sea emotivo es como pedirle que esté muerto.

Mi error era que me empeñaba en cancelar el sentimiento cuando se volvía demasiado doloroso. Recuerdo estar viendo *Toy Story 3* con mis ahijados y llorar cuando el osito abandonado convertido en el tirano de los juguetes resume su filosofía de superviviente: «Si no tienes dueño, no te romperán el corazón».

Pero yo quería que me reclamaran en propiedad.

Me había modelado como el Llanero Solitario y no como Lassie. Lo que tenía que entender era que puedes ser un solitario y querer que te reclamen en propiedad. Volvemos a la complejidad de la vida que no es esto o lo otro —las viejas y aburridas dicotomías—, sino las dos cosas, por igual. Tan sencillo de escribir. Tan difícil de hacer/ser.

Y la gente a la que he herido, los errores que he cometido, el daño a mí misma y a los demás, no era falta de juicio; era el lugar donde el amor se había endurecido hasta ser pérdida.

Estoy en un taxi saliendo de Manchester. Tengo unas flores. Tengo la dirección. Me siento fatal. Susie me llama. «¿Dónde estás?» *Ni idea, Susie.* «¿Cuánto tiempo llevas en el taxi?» *Unos cincuenta años.*

Manchester es a un tiempo glamur y deterioro. Los almacenes y edificios públicos se han convertido en hoteles y bares o lujosos apartamentos. El centro de Manchester es bullicioso, reluciente, ostentoso, exitoso, alardeando de su dinero como siempre ha hecho desde el momento en que se convirtió en el motor de Inglaterra.

Sal un poco hacia las afueras y los contrastes de Manchester saltan a la vista. Las honradas hileras de viviendas adosadas han sido demolidas y reemplazadas por torres de apartamentos y calles particulares, centros comerciales y centros de ocio. Los almacenes mayoristas indios parecen ganarse la vida, pero casi todas las pequeñas tiendas están cerradas, perdidas en rápidas y hostiles carreteras.

De vez en cuando, triste y abandonado, hay un edificio cuadrado de piedra que dice Instituto de Mecánicos o Sociedad Cooperativa. Hay un viaducto, un puñado de abedules, una pared de piedra ennegrecida; las ruinas de las ruinas. Un almacén de neumáticos, un supermercado gigantesco, un letrero de taxis, una casa de apuestas, niños en monopatín que jamás han conocido otro tipo de vida. Ancianos con rostros perplejos. ¿Cómo hemos llegado hasta aquí?

Siento la misma rabia que sentí cuando regresé a mi ciudad

natal a veinte millas de allí. ¿Quién financia el vandalismo municipal y por qué? ¿Por qué la gente decente no vive en un entorno decente? ¿Por qué es asfalto y vallas metálicas, horribles edificios y centros comerciales?

Amo el norte industrial de Inglaterra y odio lo que ha pasado con él.

Pero sé que esos pensamientos son mi propia forma de distraerme. El taxi está reduciendo la velocidad. Esto es, JW. Hemos llegado.

Al salir del taxi me siento atrapada, desesperada, desesperadamente aterrorizada y físicamente mareada. Susie siempre me ha dicho que incorpore el sentimiento y no lo aparte, por muy difícil que resulte.

Siento un impulso histérico por cantar «Arriba ese ánimo, santos de Dios». Pero no, esa es la otra infancia, la otra madre.

La puerta se abre antes de que llame. Ahí está un hombre que se me parece bastante. Sé que tengo un hermanastro, así que debe de ser él.

—¿Gary? —digo.

—Hola, hermana —dice Gary.

Entonces hay un alboroto procedente de la cocina y aparecen dos perritos saltando arriba y abajo como yoyós peludos, y de un enredo de ropa tendida, lo cual demuestra un verdadero optimismo dadas las gélidas temperaturas, aparece mi madre.

Es bajita, de ojos brillantes, con una sonrisa abierta.

Estoy muy contenta de verla.

—Pensé que me daría tiempo a acabar con la colada antes de que llegaras —es su primera frase.

Justo lo mismo que hubiera dicho yo.

Ann está al corriente de mi vida. Le envié el DVD de *Las naranjas no son la única fruta* a modo de «esto es lo que pasó mientras no estabas». Se siente mal por el mundo Winterson y la estrambótica locura de mi otra madre le molesta.

—Siento haberte abandonado. No quería hacerlo, lo sabes, ¿verdad? No tenía dinero ni adónde ir, y Pierre no estaba dispuesto a criar al hijo de otro.

Había pensado mucho…, pero no dije nada porque no me parecía justo para Gary que su recién llegada hermanastra empezara a meterse con su difunto padre.

No quería que ella se molestara.

—No pasa nada —dije.

Más tarde, cuando le cuento esto a Susie, decide, cuando puede dejar de reír, que esa es la respuesta más absurda del mundo.

—¿No pasa nada? Déjame en la escalera hasta que pase la furgoneta de la Carpa Evangélica. ¡No pasa nada!

Pero es cierto…, no pasa nada. No la culpo. Creo que hizo lo único que podía hacer. Yo fui su mensaje en una botella, lanzado por la borda.

Y sé, estoy segura de ello, que la señora W también me dio lo que pudo; era un regalo oscuro pero sirvió para algo.

Mi madre es directa y agradable. Esto me resulta extraño. Una progenitora se supone que tiene que ser laberíntica y vengativa. Me inquietaba declarar que tengo novia porque Ann ya me ha preguntado si tengo marido e hijos. Pero la novia tiene que ser declarada.

—¿Quieres decir que no sales con hombres? —dice ella.

Y supongo que eso es lo que quiero decir.

—Para mí no es un problema —dice Ann.

—Para mí, tampoco —dice Gary.

Espera… Eso no es lo que se supone que tiene que ocurrir…, lo que se supone que tiene que ocurrir es lo siguiente:

Estoy decidida a contarle a la señora Winterson que estoy enamorada. Ya no vivo en su casa, pero quiero que comprenda cómo son las cosas para mí. Pronto iré a Oxford y ya ha pasado bastante tiempo desde el momento feliz/normal. Es lo que pienso, pero estoy aprendiendo que no se puede confiar en el tiempo. Esos viejos dichos del tipo «Dale tiempo» o «El tiempo todo lo cura» dependen de a quién pertenezca ese tiempo. Como la señora Winterson vive en el Fin de los Tiempos, el tiempo corriente no significa mucho para ella. Sigue indignada con el asunto de la cuna equivocada.

Está limpiando el cubo del carbón con abrillantador Brasso. Ya ha sacado brillo a los patos voladores de latón y al cascanueces con forma de cocodrilo. No tengo ni idea de cómo empezar, así que abro la boca y digo: «Creo que siempre voy a amar a las mujeres de este modo…».

En ese instante la vena varicosa de la parte superior de su pierna revienta. Asciende como un géiser y llega hasta el techo en un chorro carmesí. Agarró los trapos del abrillantador e intento taponar la sangre… «Lo siento. No quería molestarte…» Entonces, su pierna vuelve a entrar en erupción.

Ahora ella está recostada en el sillón con la pierna levantada sobre el cubo de carbón a medio abrillantar. Mira el techo. No dice nada.

—Mamá…, ¿estás bien?

—Acabábamos de pintar el techo.

¿Cómo habría sido mi vida si ella hubiera dicho: «Oh, para tu padre y para mí eso no es un problema»?

¿Cómo habría sido mi vida si hubiera estado con Ann? ¿Habría tenido una novia? ¿Y si no hubiera tenido que pelear por tener una novia, ni por mí? No soy una gran creyente en el gen gay. Igual me habría casado, tendría hijos y saldría a darme espray bronceador, etc.

Debo de haberme quedado en silencio, pensando en todo esto.

Ann dice:

—¿La señora Winterson era una lesbiana latente?

Me atraganto con el té. Eso es como el «día de quemar el Corán». Hay algunas cosas que no se pueden ni sugerir. Pero ahora que ya está sugerido, me abruma la terrible idea. Estoy convencida de que nada en ella era latente; habría sido mejor si algunas de sus tendencias hubieran sido latentes. Supongo que podría haber sido una asesina latente, por lo del revólver en el cajón de los trapos, etc., pero creo que en ella todo asomaba a la superficie, desesperadamente enmarañado.

—Solo me lo preguntaba —dijo Ann— por eso que te decía de «Nunca dejes que un chico te toque ahí abajo».

—No quería que me quedara embarazada.

¡Ay, Dios! No era la frase más apropiada, pero la señora Winterson era una acérrima enemiga de la ilegitimidad, como se decía en aquel entonces, y no sentía más que desprecio por la mujer que me dio la oportunidad de nacer y a la señora Winterson su oportunidad conmigo.

—He tenido cuatro maridos —dice Ann.

—¿Cuatro?

Sonríe. No se juzga a sí misma y no juzga a los demás. La vida es como es.

Mi padre, el minero en miniatura de Manchester, no fue uno de los cuatro.

—Tienes su complexión, estrecha de caderas, todos somos anchos de caderas, y tienes su pelo. Era muy moreno. Muy atractivo. Era todo un dandi.

Tengo que pensar en esto. Mi madre ha tenido cuatro maridos. Mi otra madre podría haber sido una lesbiana latente. Mi padre fue un dandi. Demasiadas cosas para asimilar.

—Los hombres me gustan, pero no los necesito. Sé algo de electricidad, de enyesado y sé cómo colgar una balda. Yo no necesito a nadie.

Sí, nos parecemos. El optimismo, la autosuficiencia. La soltura que las dos tenemos en nuestros cuerpos. Solía preguntarme por qué siempre me he sentido tan cómoda en mi cuerpo y me ha gustado mi cuerpo. Al mirarla a ella parece que es cosa de herencia.

Gary es fornido pero compacto. Le encanta caminar. No pone pegas a darse una caminata de catorce millas un sábado por la tarde. También boxea. Han mantenido ese orgullo proletario por lo que son y lo que pueden hacer. Se gustan. Lo veo. Hablan. Lo escucho. ¿Así habrían sido las cosas conmigo?

Pero Ann tenía que trabajar sin parar porque Pierre la dejó cuando los niños eran pequeños. Supongo que yo habría tenido que cuidar de mis hermanos. Y eso me habría sentado mal.

Recuerdo lo que escribió en el formulario para la adopción. *Es mejor que Janet tenga una madre y un padre.*

Pero sus hijos no tuvieron un padre en casa durante mucho tiempo. Y ella tampoco. Su padre murió en los cincuenta.

—Éramos diez —dijo Ann—. ¿Cómo nos las arreglábamos para caber en dos dormitorios? Y siempre andábamos de mudanza en mudanza porque no podíamos pagar el alquiler. Mi padre tenía una carretilla y venía y nos gritaba: «Haced las maletas, nos vamos». Todas nuestras posesiones cabían en la carretilla, y a empezar de nuevo. Había muchos lugares baratos para alquilar en aquellos tiempos.

Mi abuela materna tuvo diez hijos, dos murieron de niños, y solo quedan cuatro. Trabajó toda su vida, pero cuando no trabajaba era una campeona de bailes de salón.

—Vivió hasta los noventa y siete —me dijo Ann.

Voy al baño. Toda la vida he sido huérfana e hija única. Ahora resulta que vengo de una familia numerosa y bulliciosa que practica bailes de salón y vive para siempre.

Linda, la hermana menor de Ann, llega. Técnicamente, es mi tía, pero tiene la misma edad que mi pareja, y resulta ridículo ir recogiendo tías a estas alturas de la vida.

—Todos quieren conocerte —dice Linda—. Vi *Las naranjas no son la única fruta* en la tele pero no sabía que eras tú. Mi hija ha encargado todos tus libros.

Es una muestra de buena voluntad. Todos tenemos que realizar ajustes.

Me gusta Linda, que vive en España, donde dirige grupos de mujeres y da clases de baile, entre otras cosas.

—Yo soy la tranquila —dice—. No hay forma de meter baza cuando estamos todos juntos.

—Deberíamos organizar una fiesta —dice Ann. Luego añade, con un cambio de tema casi al estilo señora W—: Todas las mañanas me despierto y me pregunto: «¿Por qué estoy aquí?».

No se refiere a «¡Oh, no! Todavía sigo aquí», no es tan señora W. Ella quiere obtener una respuesta a su pregunta.

—Tiene que haber un sentido, pero no lo conocemos —dice Gary—. Siempre leo cosas sobre el cosmos.

Linda ha estado leyendo *El libro tibetano de la vida y la muerte* y se lo recomienda a Gary.

Es el viejo estilo proletario de Manchester; piensas, lees, reflexionas. Podíamos estar de nuevo en el Instituto de Mecánicos, en las Clases de Cultura para Obreros, en la sala de lectura de la biblioteca pública. Me siento orgullosa, de ellos, de mí, de nuestro pasado, nuestra herencia. Y me siento muy triste. No debería ser la única que recibió educación. Todos en esta habitación son inteligentes. Todos en esta habitación se plantean las grandes cuestiones de la vida. Intenta explicar eso a los educadores de la Utilidad.

Yo tampoco sé por qué estamos aquí, pero sea cual fuere la respuesta, vuelvo con Engels en 1844. No estamos aquí para que nos traten como «objetos útiles».

Es agradable charlar con ellos. Las cinco horas pasan muy rápido. Pero tengo que irme. Debo volver a Londres. Susie me espera. Me levanto para despedirme. Me tiemblan las piernas. Estoy agotada.

Ann me abraza.

—Siempre me pregunté si intentarías buscarme. Deseaba que lo hicieras. Quería encontrarte pero no me parecía justo intentarlo.

No soy capaz de decir lo que quiero decir. No puedo pensar bien. Casi no soy consciente del trayecto en taxi de regreso a la estación. Cojo algo de comida para mí y para Susie, porque ella lleva todo el día trabajando, y me bebo media botella de vino tinto. Intento llamar a Susie por teléfono pero no puedo hablar.

—Lee el periódico. Cálmate. Estás en estado de shock.

Me llega un mensaje de Ann. «Espero que no te hayas llevado una decepción.»

15

La herida

Mi madre se vio obligada a amputar una parte de sí misma para dejarme ir. He sentido la herida desde entonces. La señora Winterson era una mezcla de verdad y engaño. Se inventó muchas madres malas para mí; mujeres descarriadas, drogadictas, alcohólicas, cazadoras de hombres. La otra madre tenía mucho con lo que cargar, pero yo lo cargué por ella, queriendo defenderla y sintiendo vergüenza al mismo tiempo.

Lo peor era no saber.

Siempre he estado interesada en las historias de disfraces y confusión de identidad, en poner nombre y conocer. ¿Cómo se te reconoce? ¿Cómo te reconoces a ti misma?

En la *Odisea*, Odiseo, debido a sus aventuras y a su constante vagar por tierras remotas, siempre siente la necesidad de «recordar el regreso». El viaje consiste en volver al hogar.

Cuando llega a Ítaca, el lugar está alborotado por culpa de los díscolos pretendientes de su esposa, sometida a una gran presión. Suceden dos cosas: su perro lo huele y su esposa lo reconoce por la cicatriz que tiene en el mulso.

Ella siente la herida.

Hay muchas historias de heridas:

Quirón, el centauro, mitad hombre, mitad caballo, es herido con una flecha envenenada con la sangre de Hidra, pero como es inmortal y no puede morir, debe vivir para siempre en agonía. Sin embargo, usa el dolor de la herida para curar a otros. La herida se convierte en su propio bálsamo.

Prometeo, el ladrón del fuego de los dioses, recibió como castigo una herida permanente; cada mañana, un águila se posa en su cintura y le arranca el hígado; cada noche la herida sana, para volver a abrirse al día siguiente. Me lo imagino, tostado por el sol, encadenado en las montañas del Cáucaso, la piel de la tripa suave y pálida como la de un bebé.

Tomás, el apóstol incrédulo, debe meter su mano en la herida de lanza del costado de Jesús, antes de aceptar que Jesús es quien dice ser.

Gulliver, al finalizar sus viajes, es herido por una flecha en la parte posterior de la rodilla al marcharse del país de los Houyhnhnms, los amables y educados caballos mucho más evolucionados que los humanos.

Al regresar a casa, Gulliver prefiere vivir en el establo de su casa, y la herida de detrás de la rodilla jamás se cura. Es el recuerdo de otra vida.

Una de las heridas más misteriosas es la historia del Rey Pescador. El Rey es uno de los protectores del Santo Grial, del cual se alimenta, pero tiene una herida que no sana y, hasta que no sane, el reino no se podrá mantener unido. Finalmente, Galahad llega y posa su mano en el Rey. En otras versiones es Percival.

La herida es un símbolo y no se puede reducir a una única interpretación. Pero herir parece ser una pista o una clave para ser humanos. Hay valor aquí, además de agonía.

Lo que podemos extraer de las historias es la cercanía de la herida al don: aquel que es herido está marcado —literal y simbólicamente— por la herida. La herida es una señal distintiva. Hasta Harry Potter tiene una cicatriz.

Freud colonizó el mito de Edipo y lo renombró como el hijo que mata al padre y desea a la madre. Pero Edipo es la historia de una adopción, y también la historia de una herida. Yocasta, la madre de Edipo, perfora los tobillos de Edipo antes de abandonarlo, para que no pudiera escaparse gateando. Lo rescatan y vuelve para matar a su padre y casarse con su madre, sin que nadie lo reconozca, excepto Tiresias, el adivino ciego; un caso de una herida que reconoce a otra.

No puedes deshacerte de lo que es tuyo. Aunque lo arrojes lejos, siempre está el regreso, el ajuste de cuentas, la venganza, quizá la reconciliación.

Siempre está el regreso. Y la herida te llevará hasta allí. Es un rastro de sangre.

Cuando el taxi arranca frente a la casa comienza a nevar. En los días en que me volvía loca tenía un sueño en el que me encontraba tumbada boca abajo sobre una capa de hielo y debajo de mí, mano con mano, boca con boca, había otra yo, atrapada bajo el hielo.

Quiero romper el hielo, pero ¿me cortaré?

De pie en la nieve, podría estar en cualquier punto de la línea de mi pasado. Estaba obligada a llegar aquí.

Nacer es ya una herida. La sangre menstrual tenía un significado mágico. La llegada del bebé al mundo desgarra el cuerpo de la madre y deja la cabecita todavía suave y abierta. El niño es una cura y un corte. El lugar de lo perdido y lo encontrado.

Está nevando. Aquí estoy yo. Perdida y encontrada.

Lo que tengo ahora ante mí, como un extraño al que creo reconocer, es el amor. El retorno o, mejor dicho, el retornando, llamado la «pérdida perdida». No podía romper el hielo que me separaba de mí misma, solo podía dejar que se fundiera, y eso significaba perder todo apoyo para el pie, toda sensación de suelo. Significaba una caótica fusión con lo que parecía una absoluta locura.

Toda mi vida he trabajado desde la herida. Curarla significaría poner fin a una identidad, la identidad definidora. Pero la herida curada no es la herida desaparecida; siempre habrá una cicatriz. Siempre se me podrá reconocer por mi cicatriz.

Y lo mismo sucede con mi madre, pues es su herida también, y tuvo que dar forma a una vida alrededor de una elección que no quería tomar. Ahora, a partir ahora, ¿cómo nos conocemos la una a la otra? ¿Somos madre e hija? ¿Qué somos?

La señora Winterson fue gloriosamente herida, como un mártir medieval, perforada y chorreando por Jesús, y cargaba con su cruz para que todos la vieran. El sufrimiento daba sentido a la vida. Si hubieras dicho: «¿Por qué estamos aquí?». Ella habría respondido: «Para sufrir».

A fin de cuentas, en el Fin de los Tiempos, esta existencia de antesala de la vida en la tierra solo puede ser una sucesión de pérdidas.

Pero mi otra madre me había perdido y yo la había perdido a ella, y nuestra otra vida era como una caracola en la playa que retiene un eco del mar.

Entonces, ¿quién fue esa figura que se presentó en el jardín hace tantos años y provocó la ira y el dolor de la señora Winterson, y me lanzó volando por el recibidor, devolviéndome de golpe a la otra vida?

Supongo que habría sido la madre de Paul, el santo e invisible Paul. Supongo que me lo habría imaginado. Pero no es lo que siento. Sucediera lo que sucediese aquella violenta tarde, estaba unido a la partida de nacimiento que encontré, pero que resultó no ser la mía, y unido a la apertura, años y años más tarde, de la caja —su propia especie de destino— en la que encontré los pedazos de papel que me dijeron que tuve otro nombre, tachado.

He aprendido a leer entre líneas. He aprendido a ver más allá de la imagen.

En los días del mundo Winterson teníamos una colección de óleos victorianos colgados en las paredes. La señora W los había heredado de su madre y quería mostrarlos como tributo a su familia. Pero ella era una acérrima enemiga de los «ídolos» (véase el Éxodo, el Levítico, el Deuteronomio, etc.), por eso cuadró este círculo colgándolos de cara a la pared. Lo único que podíamos ver era papel marrón, cinta aislante, tachuelas de acero, manchas de óleo e hilo. Esa era una versión de la vida de la señora Winterson.

—Encargué tu libro en la librería —dijo Ann—, antes de que me enviaras nada, y le dije a la dependienta: «Esta es mi hija». «¿Cómo?», dijo ella, «¿Es para su hija?» «¡No! Jeanette Winterson es mi hija.» Me sentí tan orgullosa.

Cabina de teléfonos 1985. La señora Winterson con su pañuelo en la cabeza y furiosa.

Pitido…, otra moneda en la ranura… y pienso: «¿Por qué no estás orgullosa de mí?».

Pitido…, otra moneda en la ranura… «Es la primera vez que he tenido que dar un nombre falso para encargar un libro.»

Los finales felices son solo una pausa. Hay tres tipos de grandes finales: Venganza. Tragedia. Perdón. La Venganza y la Tragedia suelen suceder juntas. El Perdón redime el pasado. El Perdón desbloquea el futuro.

Mi madre intentó lanzarme lejos de su propio naufragio y aterricé en un lugar completamente distinto del que pudiera haber imaginado para mí.

Ahí estoy, dejando su cuerpo, dejando la única cosa que conozco, y repitiendo esta partida una y otra vez hasta que es mi propio cuerpo el que intento dejar, la última evasión que me puedo permitir. Pero hubo perdón.

Aquí estoy.

Ya no tendré que marcharme.

Ese es el hogar.

Coda

Cuando empecé este libro no tenía ni idea de cómo saldría. Estaba escribiendo en tiempo real. Estaba escribiendo el pasado y descubriendo el futuro.

No sabía cómo me sentiría al encontrar a mi madre. Todavía no lo sé. Sé que los reencuentros al estilo de la tele y la neblina rosa de felicidad son falsos. Necesitamos mejores historias para contar la adopción.

Mucha gente que encuentra a sus familias biológicas se siente defraudada. Muchos lo lamentan. Otros muchos no las buscan porque sienten miedo de lo que puedan encontrar. Les da miedo lo que puedan sentir, o peor, lo que puedan no sentir.

Volví a quedar con Ann, en Manchester, las dos solas para comer. Me alegré de verla. Tiene mi forma rápida de caminar y mira a su alrededor igual que un perro, con brillo, alerta y también precavida. Esa también soy yo.

Me contó algunas cosas más sobre mi padre. Él quiso quedarse conmigo. Ella dijo:

—No iba a dejarle quedarse contigo. Éramos pobres, pero teníamos un suelo.

Eso me encanta y me hace reír.

Después me cuenta que trabajó en una fábrica cercana. Se llamaba Raffles, la llevaban judíos, y hacían abrigos y gabardinas para Marks and Spencer.

—En aquella época todo estaba fabricado en Gran Bretaña, y la calidad era buena.

Me cuenta que todo el mundo, pobre o no, con suelo o no, llevaba ropa hecha a medida, porque había muchos sastres, y la tela era barata. Manchester seguía siendo el Rey de la Tela.

Su jefe, el viejo Raffles, le buscó el albergue para madres y le prometió un trabajo para cuando saliera.

Esa historia me resulta muy curiosa, porque siempre me he sentido cómoda con los judíos y tengo muchos amigos judíos.

—Te traje a Manchester para enseñarte a la gente y sacarte una foto cuando tenías tres semanas. Es la foto que te mandé.

Sí, el bebé con la cara de «oh no, no lo hagáis».

No me acuerdo, pero en realidad nos acordamos de todo.

Hay muchas cosas que Ann no puede recordar. La pérdida de memoria es una forma de soportar el dolor. Yo, me voy a dormir. Si estoy enfadada puedo dormirme en cuestión de segundos. Seguramente lo aprendí yo sola como una estrategia para sobrevivir a la señora Winterson. Sé que dormí en el peldaño y en la carbonera. Ann dice que a ella nunca se le ha dado bien dormir.

Al terminar la comida estoy lista para marcharme o me quedaré dormida allí mismo y luego en la mesa, pero no de aburrimiento. En el tren me duermo al instante. Así que están sucediendo muchas cosas que todavía no comprendo.

Creo que a Ann le cuesta leer lo que escribo.

Creo que le gustaría que yo la dejara ser mi madre. Creo que le gustaría que mantuviera un contacto regular con ella. Pero sea lo que sea la adopción, no es una familia inmediata, no con los padres adoptivos, ni con los padres redescubiertos.

Yo crecí con todas esas novelas de Dickens, donde las familias reales son las de mentira; la gente que se convierte en tu familia a través de profundos vínculos de afecto y la continuidad en el tiempo.

Ella me mira fijamente cuando nos separamos.

Soy cariñosa pero precavida.

¿Qué me hace ser precavida? ¿Contra qué estoy siendo precavida? No lo sé.

Existe un gran vacío entre nuestras vidas. Ella todavía está molesta con el mundo Winterson. Se echa la culpa, pero yo prefiero ser este yo —el yo en el que me he convertido— que el yo en el que podría haberme convertido sin libros, sin educación, y sin todas las cosas que me han sucedido a lo largo del camino. Creo que soy afortunada.

¿Cómo dices eso sin menospreciar o infravalorar sus cosas?

Y no sé lo que siento por ella. Me entra pánico cuando mis sentimientos no están claros. Es como contemplar una charca de barro, y en lugar de esperar hasta que se desarrolle un ecosistema para limpiar el agua, prefiero drenar la charca.

Esto no es una ruptura cabeza/corazón ni una ruptura pensamiento/sentimiento. Es una matriz emocional. Puedo hacer malabarismos con ideas y realidades diferentes y opuestas con mucha facilidad. Pero odio sentir más de una cosa a la vez.

La adopción es demasiadas cosas a la vez. Es todo y nada. Ann es mi madre. También es alguien a quien no conozco en absoluto.

Estoy intentando evitar la triste dicotomía de «esto significa tanto para mí/esto no significa nada para mí». Estoy intentando respetar mi propia complejidad. Tenía que conocer la historia de mis comienzos, pero tengo que aceptar que esto también es una versión. Es una historia verdadera pero sigue siendo una versión.

Sé que Ann y Linda quieren incluirme en su familia. Yo no quiero que me incluyan y eso les resulta difícil. Hace que yo parezca insensible y lejana.

Me alegro muchísimo de saber que ella sobrevivió y que está bien. Me gusta pensar en ella rodeada de gente. Pero no quiero estar allí. Y no siento una conexión biológica. No siento: «¡Vaya! Aquí está, es mi madre».

He leído un montón de relatos muy emotivos sobre el reencuentro. Nada de eso se corresponde con mi experiencia. Lo único que puedo decir es que me alegro —esa es la palabra correcta— de que mi madre esté bien.

No puedo ser la hija que ella quiere.

No pude ser la hija que la señora Winterson quería.

Mis amigas que no son adoptadas me dicen que no me preocupe. Ellas tampoco sienten que fueran «buenas».

Me interesa el tema de innato/adquirido. Me doy cuenta de que detesto que Ann critique a la señora Winterson. Era un monstruo, pero era mi monstruo.

Ann vino a Londres. Eso fue un error. Es nuestra tercera cita y tenemos una seria discusión. Le estoy gritando:

—¡Por lo menos la señora Winterson estuvo ahí! ¿Dónde estabas tú?

No la culpo y me alegro de que tomara la decisión que tomó. Está claro que también estoy furiosa por eso.

Tengo que juntar esas cosas y sentirlas ambas/todas.

De jovencita Ann no recibió mucho amor. «Mamá no tenía tiempo para ser dulce. Nos quería dándonos de comer y vistiéndonos.»

Cuando su madre ya era muy mayor, Ann reunió el coraje para hacerle la pregunta: «Mamá, ¿me quisiste?». Su madre fue muy clara: «Sí. Te quiero. No vuelvas a preguntarlo».

Amor. La palabra difícil. Donde todo empieza, a donde siempre volvemos. Amor. Falta de amor. La posibilidad del amor.

No tengo ni idea de lo que va a pasar a partir de ahora.

Con todo mi afecto, gracias a Susie Orbach.

Gracias también a Paul Shearer, que resiguió el árbol familiar. A la línea telefónica de ayuda Beeban Kidron. A Vicky Licorish y los chicos: mi familia. A todos los amigos y las amigas que me dieron su apoyo. A Caroline Michel, agente fantástica y fabulosa amiga. Y a todos los de Cape y Vintage que creyeron en este libro, de un modo especial a Rachel Cugnoni y a Dan Franklin.

Nota del traductor

Las citas y textos reproducidos en esta obra están extraídos de las siguientes traducciones:

Cuatro cuartetos, de T. S. Eliot, traducción de Juan José Folguerà, 1993.

Escrito en el cuerpo, de Jeanette Winterson, traducción de Encarna Castejón, Anagrama, Barcelona, 1998.

Hamlet, de William Shakespeare, traducción de Luis Astrana Marín, Espasa Calpe, Madrid, 1941.

Las naranjas no son la única fruta, de Jeanette Winterson, traducción de Margarita Cavándoli y Horacio González Trejo, Madrid, Lumen, 2025, publicada por Edhasa, Barcelona, 1990, y por Lumen, Barcelona, 2017, con el título *Fruta prohibida*.

La pasión, de Jeanette Winterson, traducción de Elena Rius, Lumen, Barcelona, 2007.

El rey Lear, de William Shakespeare, traducción de Luis Astrana Marín, Espasa Calpe, Madrid, 1941.

La situación de la clase obrera en Inglaterra, de Friedrich Engels, traducción de Fina Warschaver y Laura V. de Molina y Vedia, Futuro, Buenos Aires, 1965.

La traducción de las restantes citas es obra del traductor.

Índice

Sherezade inventa cuentos para aplazar la muerte, Winterson los reescribe para devolvernos la vida.

«Winterson dinamita categorías, vocabularios y convenciones tristes. Una escritora maravillosa».
Marta Sanz, *Babelia*